[瑞士] 荣格 著　中央编译翻译服务组 译

心理类型分析

中央编译出版社
Central Compilation & Translation Press

图书在版编目(CIP)数据

心理类型分析/(瑞士)荣格著；中央编译翻译服务组译.—北京：中央编译出版社，2023.7
ISBN 978-7-5117-4407-4

Ⅰ.①心… Ⅱ.①荣… ②中… Ⅲ.①心理学–研究 Ⅳ.① B84

中国国家版本馆 CIP 数据核字 (2023) 第 064836 号

心理类型分析

策划统筹	张远航
责任编辑	郑永杰
执行编辑	周雪凝
责任印制	刘　慧
出版发行	中央编译出版社
地　　址	北京市海淀区北四环西路 69 号 (100080)
电　　话	(010) 55627391 (总编室)　　(010) 55627312 (编辑室)
	(010) 55627320 (发行部)　　(010) 55627377 (新技术部)
经　　销	全国新华书店
印　　刷	佳兴达印刷（天津）有限公司
开　　本	880 毫米 ×1230 毫米　1/32
字　　数	116 千字
印　　张	8.875
版　　次	2023 年 7 月第 1 版
印　　次	2023 年 7 月第 1 次印刷
定　　价	49.00 元

新浪微博：@ 中央编译出版社　　微　　信：中央编译出版社 (ID: cctphome)
淘宝店铺：中央编译出版社直销店 (http: //shop108367160.taobao.com) (010) 55627331

本社常年法律顾问：北京市吴栾赵阎律师事务所律师　　闫军　　梁勤
凡有印装质量问题，本社负责调换。电话：(010) 55626985

出版前言

荣格的《金花的秘密》和《未发现的自我》在中央编译出版社出版后,引起国内读者的广泛关注,其中不乏心理学爱好者、心灵探索者,以及荣格心理学的研究者。

这两本书之所以广受关注,原因正如它们的名字所指出的——"秘密""未发现",这是荣格向人类发出探索潜在奥秘的邀请。荣格曾感叹,在人类历史上,人们把所有精力都倾注于研究自然,而对人的精神研究却很少,在对外界自然的探索中,人类逐渐迷失自我,被时代裹挟,被无意识吞噬……

为了更好地向读者介绍荣格心理学,中央编译出版社选取荣格文献中的精华篇章,切入荣格关于梦、原型、东洋智慧、潜意识、成长过程等方面的心理问题、类型问题、心理治疗等相关主题内容，经由有关专家学者翻译，以"荣格心理学经典译丛"为丛书名呈现出来。此外，书中许多精美插图均来自于不同时期荣格的相关著作，部分是在中国书刊中首次出现，与书中内容相配合，将带给读者不一样的视觉与心灵冲击。

多年来，中央编译出版社注重引进国外有影响的哲学社会科学著作，其中有相当一部分是心理学方面的著作，目前已形成比较完整的心理学著作体系，既有心理学基础理论读物，又有心理学大众普及读物，可谓种类丰富、名家荟萃。我们希望这套丛书的推出，能够为喜欢荣格心理学的读者和心理学研究者，提供一套系统、权威的读本，也带来更好的阅读体验。译文不当之处，敬请批评指正。

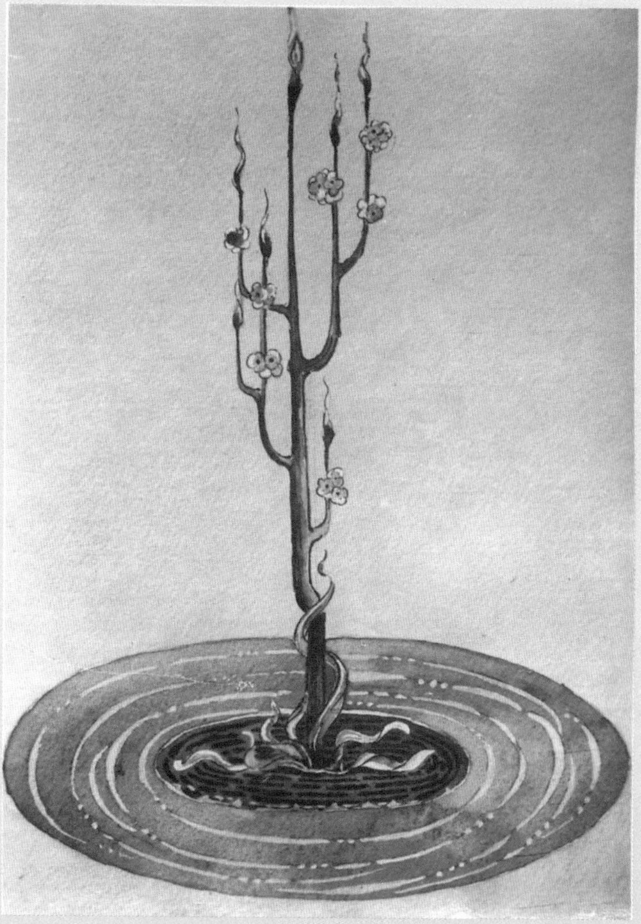

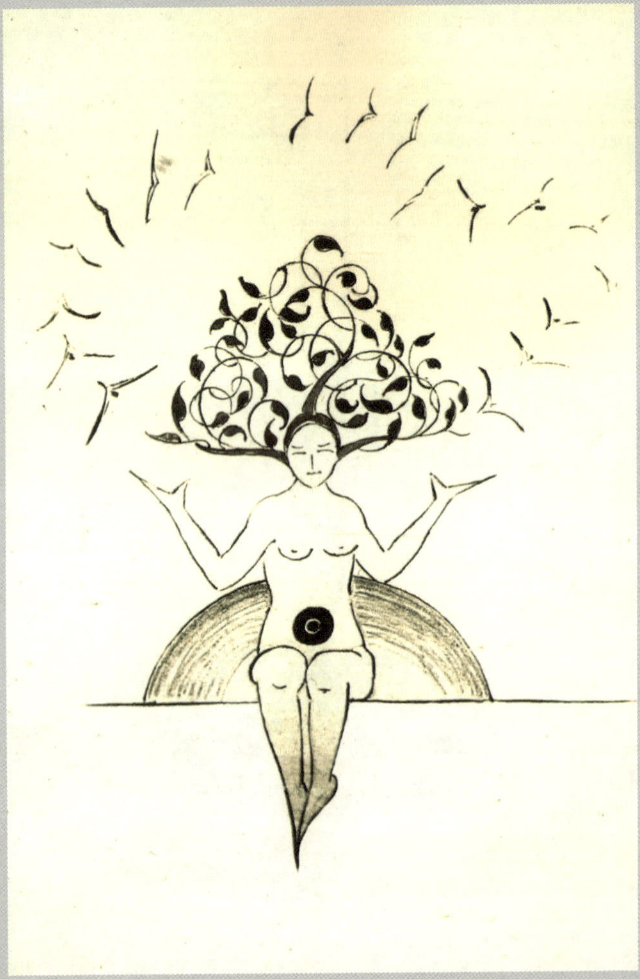

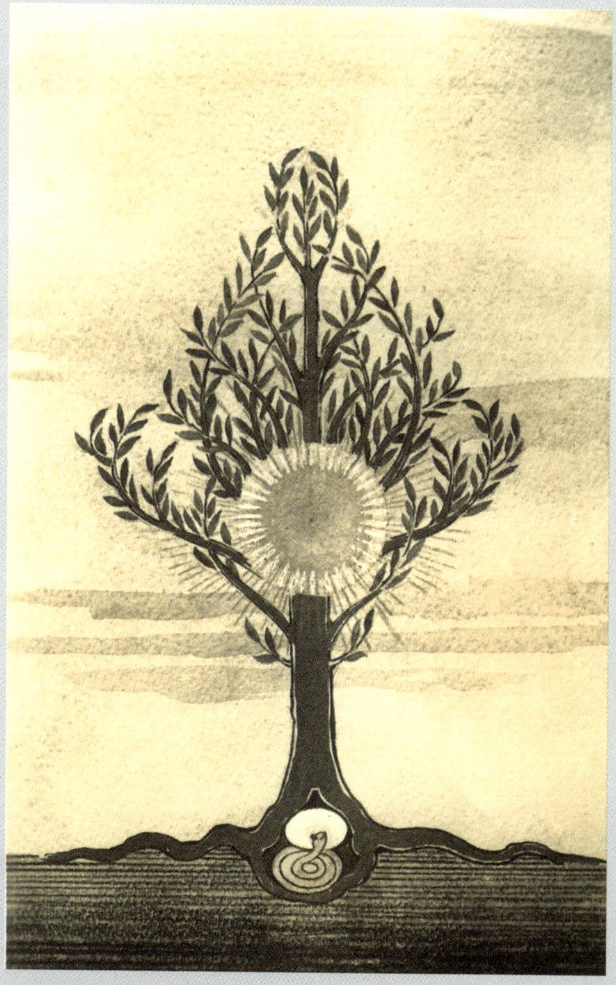

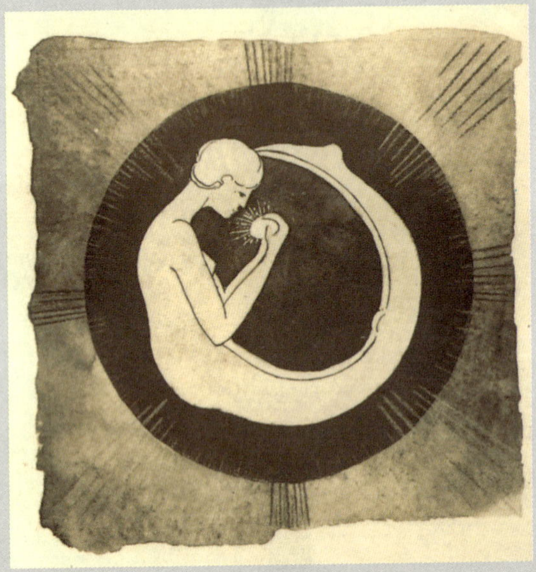

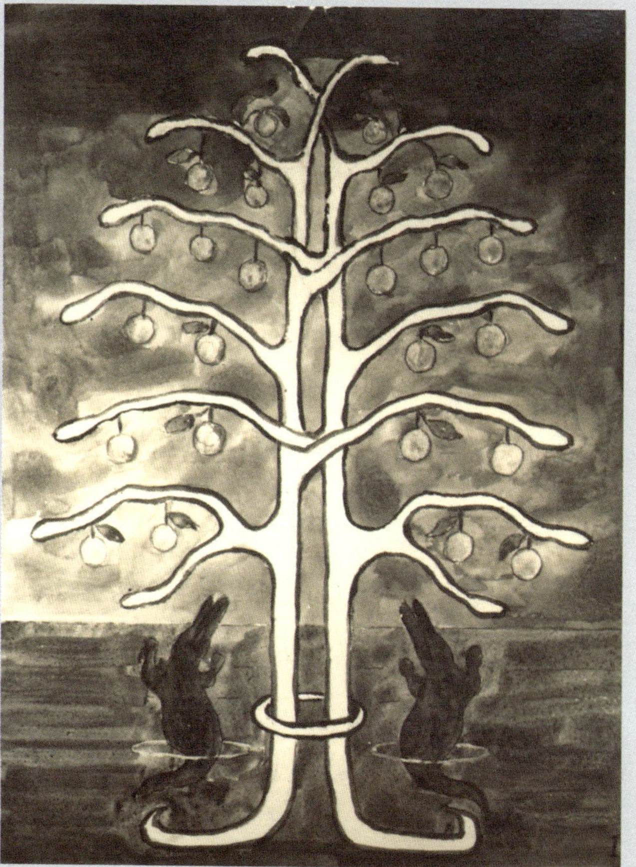

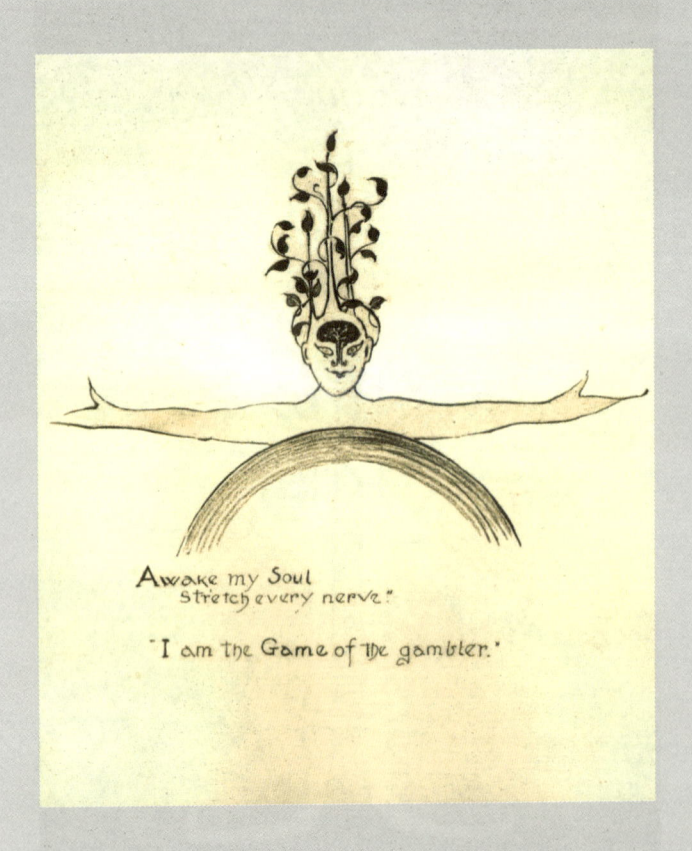

"Awake my Soul
 Stretch every nerve."

"I am the Game of the gambler."

目 录

第一章　诗歌中的类型问题.................001

　1. 斯皮特勒类型学导言.................003

　2. 斯皮特勒和歌德笔下普罗米修斯的比较.....016

　3. 统一符号的意义.................044

　4. 符号的相对性.................100

　5. 斯皮特勒统一符号的性质.................162

第二章　心理病理学中的类型问题.................189

第三章　美学中的类型问题.................215

第四章　现代哲学中的类型问题.................235

　1. 威廉·詹姆斯的类型.................237

　2. 詹姆斯类型中的典型矛盾.................249

　3. 对于詹姆斯类型学的整体批评.................268

第一章
诗歌中的类型问题

卡尔·斯皮特勒（Carl Spitteler）:《普罗米修斯（Prometheus）和厄庇墨透斯（Epimetheus）》

1. 斯皮特勒类型学导言

如果诗歌中只有复杂的情感生活向诗人提供的主题，并不涉及类型问题，我们几乎可以说，类型问题是不存在的。不过，我们已经看到，在兼有诗人和思想家身份的席勒（Schiller）的作品中，这个问题对他内心的触动同样深刻。在这一章，我们把注意力转向卡尔·斯皮特勒发表于1881年的《普罗米修斯和厄庇墨透斯》，这部诗歌作品几乎完全基于类型问题。

我不想在一开始宣布，"事前思考者"普罗米修斯代表内倾者，行动者和"事后思考者"厄庇墨透斯代表外倾者。这两个人物之间的冲突本质上是同一个人内倾和外倾发展脉络之间的斗争，尽管诗人将其表现为两个独立人物及其典型命运。

普罗米修斯表现出了内倾性格特征，这是没有疑问的。他代表了面向内心世界、忠于"灵魂"的人类形象。他对天使的回答完美体现了他的性格：

> 不过，我无权判断我的灵魂面孔，因为看呐，她是我的夫人和女主人，她是我的喜悦和悲伤之神，我之所以成为自己，完全是因为她。所以，我会和她分享我的荣誉。如果需要，我愿意彻底放弃荣誉。[1]

普罗米修斯臣服于灵魂，不管这是光荣还是耻辱，他的灵魂有着与内心世界相联系的功能。所以，由于灵魂与潜意识的关系，其拥有神秘的形而上学特征。普罗米修斯无条件承认灵魂作为主宰和向导的绝对意义，正如厄庇墨透斯无条件臣服于世界。他把他的个体自我献给了灵魂，献给了与潜意识的关系。潜意识是永恒意象和意义

---

[1] 《普罗米修斯和厄庇墨透斯》〔缪尔黑德（Muirhead）翻译〕，第22、23页。

的母体。他实现了去个体化,因为他失去了对抗人格面具(persona)的砝码①,即与外部客体的联系功能。通过这种对灵魂的臣服,普罗米修斯失去了与周围世界的一切联系,因此也无法获得外部现实提供的必要纠正。不过,这种损失与现实世界的性质是不可调和的。所以,天使出现在普罗米修斯面前,他显然是掌权者的代表;用心理学术语来说,他是以适应现实为目标的趋势的意象投影。所以,天使对普罗米修斯说:

> 如果你无法获胜,摆脱你那难以驾驭的灵魂,你就会失去多年的丰厚奖赏、心中的喜悦以及你那丰富头脑中的所有成果。②

他还说:

> 由于你的灵魂,你将在荣耀之日被驱逐,因

---

① 荣格,《关于分析心理学的两篇文章》,pars. 243ff., 254ff., 305ff.。

② 参考缪尔黑德,第23页。

为她不认识神，不遵守法律，任何事情对她的自尊来说都不是神圣的，不管是在天堂还是人间。①

由于普罗米修斯片面信仰他的灵魂，因此他适应外部世界的一切倾向都会受到抑制，沉入潜意识中。所以，如果他能感受到这些倾向，他会觉得它们不是他自己的人格，而是投影。普罗米修斯支持灵魂的目标，将其完全同化到意识中。同时，这个灵魂又表现为投影，这似乎是一种矛盾。不过，由于灵魂和人格面具类似，是一种联系功能，因此它一定在某种意义上由两部分组成——一部分属于个体，另一部分依附于关联对象，在这里是潜意识。如果你不真心认同冯·哈特曼（von Hartmann）的哲学，你往往会认为，潜意识作为心理因素，只是一种有条件的存在。根据认识论，对于潜意识这一复杂心理现象的客观现实，我们目前无法做出任何有效陈述，正如我们无法给出关于现实事物本质的任何有效结论，

---

① 参考缪尔黑德，第22页。

因为这超出了心理学范围。不过，根据实践经验，我必须指出，就与意识活动的关系而言，潜意识内容拥有顽固的持续性，因此和外部世界的真实事物具有同样的真实性。不过，在"外向型"头脑看来，这种说法一定非常荒谬。你必须记住，总是有许多人的潜意识内容比外部世界的事物具有更大的真实性。人类思想史可以为这两种真实性作证。对于人类心理更加深入的研究明确显示，二者对于意识活动通常具有同样强烈的影响，所以，在心理学上，根据单纯的经验，我们有理由认为，潜意识内容和外部世界的事物一样真实，尽管这两种现实互相矛盾，似乎具有完全不同的性质。不过，让一种现实从属于另一种现实完全是不合理的假设。神智学和唯灵主义对于对方领域的侵蚀和唯物主义一样强烈。我们只能适应我们的心理能力，并且为此而满足。

由于潜意识内容的奇特真实性，我们将有理由像称呼外部世界的事物一样，将它们称为客体。人格面具作为联系功能，总是受到外部客体的影响，与客体和主体的联系同样密切。类似地，作为与内心客体相联系的功能，灵魂是由客体表示的；所以，在某种意义上，它总是与主体存在区别，被看作不同事物。因此，在普罗米修斯看来，它与他的个体自我区别很大。即使你完全臣服于外部世界，你仍然会认为，世界是与你不同的客体。类似地，即使你完全臣服于意象的潜意识世界，它仍然表现为不同于主体的客体。神话意象的潜意识世界通过外部事物经历与完全臣服于外部世界的人间接对话。类似地，现实世界及其要求与完全臣服于灵魂的人间接对话，因为没有人能逃离这两种现实。如果他只专注于外部现实，他必须在生活中经历神话。如果他只面向内心现实，他必须在梦中经历所谓的外部现实生活。所以，灵魂对普罗米修斯说：

> 我对你说过，我是任性的女神，我会让你偏离正道，走上人迹罕至的道路。不过，你不愿听从我。现在，我的话语应验了：为了我的缘故，他们抢走了你的荣誉，偷走了你一生的幸福。[1]

---

[1] 参考第38页。

普罗米修斯拒绝接受天使向他提供的王国，这意味着他拒绝适应事物的本来面目，因为作为交换，他需要献出灵魂。普罗米修斯作为主体，本质上是人，但他的灵魂具有完全不同的性质。它具有精灵属性，因为内心客体即超越个人的集体潜意识在它周身发光，而它作为关系功能与集体潜意识存在联系。如果将潜意识看作人类心理的历史背景，那么它集中包含了所有记忆印迹，后者从远古时起一直是目前人类心理结构的决定因素。这些记忆印迹是功能痕迹。总体来看，它们代表了人类心理使用最频繁、最密集的功能。它们表现为神话主题和神话形象，常常以相同形式出现，在所有不同种族中总是具有惊人的相似性。它们很容易在现代人的潜意识素材中得到验证。所以，明显的动物特征和元素在潜意识内容中与崇高形象共同出现，后者从古代起一直是人们生命旅途中的伴侣。潜意识里有许多意象，其范围和"真实"事物的世界一样没有止境。完全臣服于外部世界的人遇到的潜意识以某个亲密可爱的形象出现。如果他的命运取决于他对某个人物客体的极端奉献，他就会通过这个形象充分体验到世界和自己本性的矛盾。类似地，臣服于灵魂的人遇到的潜意识以恶魔形象出现，体现了意象世界的整体性、极限性和矛盾性。这是超越常规的临界现象。所以，正常中庸的人对于这些残酷的谜团一无所知。对他来说，它们并不存在。抵达世界边缘的永远只有少数人，那里是镜像开始的地方。对于总是站在中间的人来说，灵魂拥有人类性格，没有可疑的恶魔性格，他也不会觉得邻居有任何问题。只有对一个或另一个世界的彻底臣服才会唤起它们的矛盾性。斯皮特勒的直觉捕捉到了灵魂意象，不太深刻的人最多只能在梦里看到这个意象：

> 当他表现出这种疯狂的热情时，她的嘴唇和脸庞开始了奇怪的颤抖，她的眼睑迅速眨了起来。柔软精致的睫毛边缘后面隐藏和潜伏着某种危险事物，就像火焰恶毒隐秘地在房屋里蔓延，又像

老虎在丛林里蜿蜒前行，在阴暗的树叶之间偶尔露出带有条纹的黄色躯体。①

普罗米修斯选择的生命道路显然是内倾的。他牺牲了与当前的所有联系，以便通过预谋创造遥远的未来。这与厄庇墨透斯完全不同：厄庇墨透斯意识到，他的目标是世界和世界重视的事情。所以，他对天使说：

现在，我的愿望是追求真理，我的灵魂在我手上。如果你对我的灵魂满意，请你为我提供良心，使我能关注我的言行和一切公平。②

厄庇墨透斯无法抵挡实现自己命运的诱惑，臣服于"没有灵魂"的视角。这种与世界的结盟立刻获得了回报：

厄庇墨透斯站起来，感觉他的身体变高了，

---

① 参考第38页。
② 参考第24页。

他的勇气变得更坚定了,他的整个身体非常统一,感觉非常健康自在。所以,他迈着勇敢的步伐沿直线穿越山谷。他不畏惧任何人,拥有自由开放的举止,就像被自己的正义计划激励的人一样。①

正如普罗米修斯所说,他用灵魂换来了良好的言行。他失去了灵魂——而他的兄弟得到了灵魂。他遵从了他的外倾,这使他面向外部客体。所以,他被世界的欲望和期待裹挟。起初,这似乎对他非常有利。在兄弟影响下,他作为伪装成内倾者的外倾者,度过了许多孤独岁月。现在,他成了外倾者。这种非自愿"性格模仿"并不罕见。所以,他朝向真正外倾的转变是迈向"真理"的一步,为他带来了公平的回报。

普罗米修斯灵魂的专横要求阻碍了他与外部客体的一切联系,使他必须为灵魂做出最残酷的牺牲。厄庇墨透斯拥有有效的盾牌,可以对抗外倾者最大的危险——完全臣服于外部客体的危险。

---

① 参考第24页。

这种保护是由传统"正确思想"即不可轻视的世俗智慧与财富支持的良心,舆论对它的使用就像法官对刑法典的使用一样。这为厄庇墨透斯提供了防护屏障,使他无法像普罗米修斯臣服于灵魂一样无限臣服于客体。这是他的良心施加的限制,而他的良心代表了他的灵魂。当普罗米修斯背对人群及其确定的良心时,他被残酷的灵魂女主人和她的善变利用了。在经历了无尽的痛苦后,他才结束对于世界的忽视。

无可指责的良心慎重的限制为厄庇墨透斯的眼睛蒙上了厚厚的纱布,他必须盲目经历他的神话,但他却带着行善的感觉,因为他总是按照人们对他的期待行动,满足了所有人的愿望,不断取得成功。这就是人们心目中的国王形象。所以,厄庇墨透斯扮演着他的角色,直到不光彩的结局。公众一直在坚定支持他。他的自信和自以为是、他对于个人价值坚定不移的信心、他那不容置疑的"善行"和良心呈现出了外倾性格的鲜明特征,就像乔丹(Jordan)描述的那样。让我们听一听厄庇墨透斯为了治愈普罗米修斯的病痛而拜访他的情景：

一切准备就绪后，厄庇墨透斯国王在一左一右两位朋友的搀扶下走上前来，同普罗米修斯打招呼，向他说出善意的话语："普罗米修斯，我亲爱的兄弟，我衷心为你感到遗憾！请你鼓起勇气，因为我带来了药膏，它包治百病，在冷热环境下都有神奇的效果，既能给人慰藉，又能给人惩罚。"

说完这些话，他拿起手杖，把药膏盒绑在上面，小心而又非常郑重地将其递给兄弟。当普罗米修斯看到药膏并闻到它的味道时，他厌恶地扭过头去。对此，国王改变了语气，非常激动地高声训斥兄弟："事实上，你似乎需要更大的惩罚，因为你目前的命运不足以使你长记性。"

他一边说，一边从袍子褶层里取出镜子，让他从头到尾看到他所经历的一切，滔滔不绝地历数他的一切错误。[①]

这一幕完美体现了乔丹的论述："如果可能，

---

① 参考第108、109页。

你必须让社会高兴；如果不能让社会高兴，你必须让社会震惊；如果不能让社会高兴和震惊，你必须打扰和刺激社会。"① 在东方，富人在公共场合总是带着两个奴隶，以显示自己的身份。厄庇墨透斯也做出了这种姿态，以便给他人留下印象。善行必须与告诫和道德指导相结合。当它们无法产生效果时，他至少要用对方的卑微形象恐吓他。一切都是为了营造某种印象。有一句美国谚语："在美国，有两种人能取得成功——有能力的人和虚张声势的人。"这意味着伪装有时和真实表现一样成功。这种外倾者更喜欢表面工作。内倾者喜欢努力工作，并为此而过分用功。

如果将普罗米修斯和厄庇墨透斯融合成一个人格，那么他的外在类似于厄庇墨透斯，内心类似于普罗米修斯——这种个体不断被两种趋势撕扯，每种趋势都想把自我最终拉到它那一边。

---

① 《身体与血缘中所呈现的性格》，第31页。

2. 斯皮特勒和歌德笔下普罗米修斯的比较

将这个版本的普罗米修斯与歌德笔下的普罗米修斯进行比较是非常有趣的。我相信,我有理由猜测,歌德很可能属于外倾类型,而不是内倾类型。斯皮特勒似乎属于内倾类型。只有详细研究和分析歌德的传记,你才能证明这种假设。我的猜测基于各种印象。在这里,我不会提到这些印象,因为我缺少足够的证据支持。

内倾态度不一定与普罗米修斯形象吻合。我的意思是,传统的普罗米修斯可以有完全不同的解读。例如,另一个版本的普罗米修斯可见于柏拉图的《普罗泰戈拉篇》。在那里,众神用火和水创造了万物,但为他们赋予生命力的不是普罗米修斯,而是厄庇墨透斯。和在神话中一样,在《普罗泰戈拉篇》里,普罗米修斯是灵巧而有创意的天才,这与古典品味相符。歌德的作品中有两个版本的普罗米修斯。在1773年的"普罗米修斯片段"中,普罗米修斯是傲慢、神圣、目中无人、藐视神祇的创造者和艺术家。他的灵魂是宙斯（Zeus）的女儿密涅瓦（Minerva）。普罗米修斯和密涅瓦的关系与斯皮特勒笔下普罗米修斯和他灵魂的关系非常类似：

> 你的话语从一开始就是我的圣光！
> 我的灵魂似乎一直在对自己说话
> 她向我吐露心声，
> 姐妹和谐之声
> 从她里面自动响起。
> 当我认为它是我自己时，
> 女神在说话，
> 当我认为女神在说话时，
> 它是我自己。
> 所以，它在你我之间，
> 非常热情。
> 我对你的爱是永恒的！[1]

还有：

---

[1]《作品集》〔博伊特勒（Beutler）编辑〕，IV，第188、189页。

当夕阳的余晖

倾泻在阴郁的高加索山上

用神圣的安宁包围我的灵魂,

它离开我,但却一直在我身边,

我力量充盈

每一口都在呼吸你的神圣空气。①

所以,歌德的普罗米修斯也依赖他的灵魂。斯皮特勒的普罗米修斯和他灵魂的关系与此存在惊人的相似性。在斯皮特勒笔下,普罗米修斯对他的灵魂说:

只要有你一个人陪着我,用你甜蜜的嘴叫我"朋友",只要你那骄傲而优雅的面庞不离开我,即使失去一切,我也无比富有。②

虽然这两个形象及其与灵魂的关系非常相似,但它们有一个重要区别。歌德的普罗米修斯是创

---

① 《作品集》〔博伊特勒(Beutler)编辑〕,IV,第189页。
② 参考缪尔黑德,第38页。

造者和艺术家，米涅瓦为他捏的泥人赋予生命。斯皮特勒的普罗米修斯不是在创造生命，而是在受苦；只有他的灵魂具有创造性，但她的工作隐秘而神秘。她在告别时对他说：

"我现在离开你，因为一项重要工作正在等着我，这项工作的劳动量很大，我必须尽快将其完成。"[1]

在斯皮特勒笔下，普罗米修斯的创造性似乎转到了灵魂那里，普罗米修斯本人却受到了体内创造性灵魂的折磨。不过，歌德的普罗米修斯是自我激活的，拥有本质和排他的创造性，凭借自己的创造力藐视众神：

谁帮助我
对抗泰坦的骄傲？
谁救我脱离死亡，
摆脱奴役？

---

[1] 参考缪尔黑德，第41页。

> 哦，热情神圣的心，
> 这难道不是你独自做到的吗？①

这个片段对厄庇墨透斯着墨不多，他完全比不上普罗米修斯。他是集体感情的倡导者，认为灵魂的工作很"固执"。他对普罗米修斯说：

> 你独自站立！
> 你在固执中无法理解
> 当众神，你，你所拥有的一切，
> 你的世界，你的天堂，
> 被整合成统一体时的快乐。②

在"普罗米修斯片段"中的这些描述非常稀少，因此我们无法分辨厄庇墨透斯的性格。不过，歌德笔下的普罗米修斯与斯皮特勒的普罗米修斯存在明显区别。歌德的普罗米修斯面向外部世界创造和工作，他创造了人，他的灵魂为人赋

---

① 来自另一个普罗米修斯片段，《作品集》，I，第321页。
② 《作品集》，IV，第188页。

予生命，使之充斥世界。他用他创造的后代填充尘世，同时充当人类的主人和导师。但是，在斯皮特勒笔下，普罗米修斯的一切都是内向的，消失在灵魂深处的黑暗中，正如他本人从人间消失，甚至离开了家乡的狭小区域，仿佛是想进一步隐身。根据分析心理学的补偿原则，作为潜意识化身的灵魂此时一定非常活跃，准备目前还看不见的工作。除了前面引用的段落，斯皮特勒还完整描述了这个可以预料的补偿过程。它出现在潘多拉（Pandora）插曲中。

在斯皮特勒笔下，普罗米修斯神话中的神秘人物潘多拉是神圣少女，他与普罗米修斯只有最深层次的关系。这种设想基于某个神话版本。在那里，与普罗米修斯有关的女人是潘多拉或雅典娜（Athene）。在神话中和歌德笔下，普罗米修斯与潘多拉和雅典娜存在灵魂关系。斯皮特勒引入了值得注意的改编。在混淆了普罗米修斯和潘多拉与赫菲斯托斯（Hephaestus）和雅典娜的历史神话中，这种改编已经得到了暗示。歌德倾向于普罗米修斯和雅典娜的版本。在斯皮特勒笔下，普罗米修斯被移出神界，拥有了自己的灵魂。不过，作为在天界独立实施的计谋，他的神圣性以及他在神话中最初与潘多拉的关系得到保留。异世界的事情发生在意识最远端，即潜意识中。所以，潘多拉的插曲讲述了普罗米修斯受苦时发生在潜意识中的事情。普罗米修斯从世界上消失，他与人类的一切联系都被切断。此时，他沉入内心深处，他身边的惟一事物、他的惟一客体就是他自己。他变得"像神一样"，因为根据定义，神是在所有地方休憩、由于无所不在而总是在所有地方将自己作为客体的存在。自然，普罗米修斯完全没有感觉自己与神类似，他非常悲惨。在厄庇墨透斯前来唾弃他的悲惨后，异世界的插曲开始了，这自然发生在普罗米修斯与世界的一切联系被完全消除的时候。经验表明，在这种时候，潜意识内容最容易表现它们的独立和活力，甚至可能压倒意识[1]。普罗米修斯在潜意识中的状态体现在下面的场景中：

---

[1] 《精神病的内容》和《关于分析心理学的两篇文章》，par. 221ff., 250ff.。

在那天的昏暗上午，在高天之上，创造一切生命的神在草地上平静孤独地漫步，由于他那神秘且痛苦的疾病的奇特性质而转圈，就像受到诅咒一样。

由于这种疾病，他永远无法结束疲惫的行走，永远无法在路途上歇脚，只能以持续的步伐，日复一日、年复一年地围着安静的草地转圈。他脚步沉重，脑袋低垂，眉头紧锁，表情扭曲，模糊的视线总是投向圆圈中心。

今天，和往常一样，他在进行无法逃避的转圈活动，他的头由于悲伤而垂得更低，他的脚步由于疲惫而更加沉重，他的生命源泉似乎由于痛苦的熬夜而消耗殆尽。这时，他最小的女儿潘多拉穿过夜晚和清晨的空气向他走来。她迈着犹豫的步伐，拘谨地走向那个神圣地点，恭敬地站在他身边，用谦逊的目光向他致意，用恭敬而沉默的嘴唇向他提问。[1]

---

[1] 参考穆尔黑德（Muirhead），第113页。

乍一看,神显然患上了普罗米修斯的疾病。普罗米修斯让他的所有激情和全部利比多流向内心灵魂,流向内心最深处,将自己完全奉献给灵魂。类似地,神也绕着地球中心点不断转圈,像普罗米修斯一样使自己筋疲力尽,而普罗米修斯几乎消灭了自我。他的所有利比多进入了潜意识,那里一定准备了等价物,因为利比多是能量,而能量不会毫无痕迹地消失,总会生成等价物。这个等价物就是潘多拉和她带给父亲的礼物:一颗珍贵的宝石。她想把宝石送给人类,以缓解他们的痛苦。

如果把这一过程解释至普罗米修斯的人类领域,它意味着当普罗米修斯在"神圣"状态中受苦时,他的灵魂注定在准备缓解人类痛苦的工作中。他的灵魂希望前往人类那里。不过,他的灵魂计划和实施的工作与潘多拉的工作并不相同。潘多拉的宝石是潜意识映像,象征了普罗米修斯灵魂的真实工作。原诗明确指出了宝石的象征:它是救赎之神,是太阳的更新。[1] 神的疾病表现

---

[1] 关于宝石和重生的主题,参考《转变的符号》,第二部分,第四章和第五章。

了他对重生的渴望。为此，他的全部生命力流回了自我中心，流进潜意识深处，生命由此重生。所以，宝石在世界上的出现在一定程度上反映了《佛说普曜经》中佛陀诞生的意象[1]：潘多拉把宝石放在胡桃树下，正如摩耶（Maya）在无花果树下生子：

在树下的午夜阴影中，它发出更多光亮、火花和火焰，它那钻石般的光芒传到很远的地方，就像黑暗天空中的晨星。

在饰有花朵的蜂蜜酒上方飞舞的蜜蜂和蝴蝶匆匆赶来，在神童周围翩翩起舞……云雀从天空中垂直降落，争着向太阳般新奇可爱的容貌致敬。当它们飞到近前，观看炫目的光辉时，它们的心如痴如醉……

被选中的树木慈爱和善，凌驾于一切之上，拥有巨大的树冠和沉重的绿色斗篷。他伸出带有王者风范的双手，呵护地挡在孩子脸庞上方。他

---

[1] 拉延德拉拉拉·米特拉（Rajendralala Mitra）翻译，第六章，特别是94页。

的许多树枝亲切地弯下来,垂向地面,仿佛想要屏蔽和阻挡外部视线,嫉妒他们白白独享礼物的恩典;同时,所有轻柔的树叶喜悦地震颤起来,用沙沙声兴高采烈地共同说出轻柔清晰的话语:"谁能知道这片低矮的屋顶下面隐藏着什么?谁能猜测隐藏在我们之中的宝藏!"[1]

所以,当摩耶临产时,她在树冠垂至地面的菩提树下生子。菩萨的化身发出无数光芒,照亮世界。众神和整个大自然都参与了他的诞生。他的脚下长出巨大的莲花,他站在莲花里审视世界。所以,藏民祈祷时说:"唵嘛呢叭咪吽"(哦!看那莲花里的宝石)。菩萨重生时在他所选定的菩提树下变成了佛陀,即天启者。和出生时一样,这种重生或更新伴随着发光现象、大自然的盛况和众神的幻象。

在斯皮特勒的版本中,难以估量的财宝消失在厄庀墨透斯的王国,那里的统治者只有良心,没有灵魂。天使对于厄庀墨透斯的愚蠢感到愤怒,

---

[1] 参考穆尔黑德,第130、131页。

斥责他说："你也像没有神性的傻瓜和没有理智的野兽一样没有灵魂吗？"①

显然，潘多拉的宝石象征神的更新，即新的神，但这发生在神界，即潜意识中。对于渗入意识的过程的模仿不被厄庇墨透斯理解，后者管理着与世界的关系。斯皮特勒在随后的段落中阐释了这一点。② 在这些段落里，我们看到，拥有理性态度和面向客体的意识世界无法理解宝石的真正价值和意义。所以，宝石不可挽回地丢失了。

更新的神象征重生的态度、更新的生命可能性和活力的恢复，因为从心理学角度讲，神总是代表最高价值、利比多的最大总和、生命的最大强度和最佳心理活力。不过，在斯皮特勒笔下，普罗米修斯态度和厄庇墨透斯态度一样不充分。这两种趋势分裂了：厄庇墨透斯态度适应了真实世界，但普罗米修斯态度没有。所以，它需要为生命的更新而努力。它还生成了对于世界的新态

---

① 参考161页。斯皮特勒将厄庇墨透斯的著名"良心"描述成小动物。它对应于动物的投机本能。

② 穆尔黑德，135ff.。

度（由送给人类的宝石象征），尽管这没有得到厄庇墨透斯的支持。不过，我们在潘多拉的礼物中看到了解决问题的象征性尝试。在介绍席勒《书信》的另外篇章中，我们讨论了这个问题，即分化功能与未分化功能的统一问题。

在进一步讨论这一问题之前，我们必须回头来看歌德的普罗米修斯。我们看到，歌德笔下具有创造性的普罗米修斯和斯皮特勒笔下的痛苦形象存在明显区别。另一个更重要的差异是与潘多拉的关系。在斯皮特勒笔下，潘多拉是普罗米修斯灵魂的复制品，属于异世界，即神界；在歌德笔下，她仅仅是泰坦的创造物和女儿，因此完全依赖于他。歌德的普罗米修斯与米涅瓦的关系将他置于伏尔甘（Vulcan）的位置上。潘多拉完全是由他创造的，没有神圣血统，这使他成为创造之神，完全脱离了凡间。所以，普罗米修斯说：

当我认为它是我自己时，
女神在说话，

> 当我认为女神在说话时,
> 它是我自己。

在斯皮特勒笔下,普罗米修斯摆脱了神性,就连他的灵魂也只是非正式精灵而已。他的神性得到实体化,摆脱了一切人类属性。在这方面,歌德的版本很古典:它强调泰坦的神性。所以,厄庇墨透斯的地位也必须下降。在斯皮特勒笔下,厄庇墨透斯的形象要积极得多。和前面讨论的片段相比,在歌德的《潘多拉》中,我们有幸找到了对于厄庇墨透斯更加完整的描述。厄庇墨透斯的自我介绍是这样的:

> 对我来说,日夜的区分并不清晰,
> 我总是带着名字的宿孽:
> 我的祖先给我取名厄庇墨透斯。
> 沉思过往仓促的行为,
> 带着混乱的思绪,
> 回首易逝的忧郁
> 以及过往岁月的机会。

> 我的青春如此痛苦
> 当我不耐烦地转向生活时
> 我在不经意间抓住了当下
> 赢得了新的牵挂的痛苦负担。①

厄庇墨透斯的这番话透露了他的性格：他沉思往事，永远无法摆脱潘多拉的束缚。根据古典神话，他娶了潘多拉为妻。虽然她早已离开他，把女儿埃皮梅雷亚（Epimeleia，忧虑）留给他，带走了埃尔波雷（Elpore，希望），但他无法摆脱她的记忆意象。厄庇墨透斯得到了非常清晰的描绘，我们可以立刻看出他所代表的心理功能。普罗米修斯仍然是同样的创造者和设计者，每天早早从长榻上起身，拥有无尽的创造冲动，想为世界留下个人印迹。厄庇墨透斯完全屈服于幻想、梦境和回忆，充满了焦急的疑虑和烦恼的思考。潘多拉作为赫菲斯托斯的创造物出现，被普罗米修斯拒绝，却被厄庇墨透斯选为妻子。他对她评价道："即使这种宝物带来痛苦，这痛苦也是快

---

① 《潘多拉》，《作品集》，VI，第407页。

乐的。"对他来说，潘多拉是贵重的宝石，是至高价值：

> 这位佳人永远是我的！
> 她为我带来了最大的快乐。
> 我拥有美人，美人拥抱我，
> 她在春天之后华丽到来。
> 我认识了她，抓住了她，之后，事情成了。
> 沉闷的思想像薄雾一样消失，
> 她使我从凡间升上天堂。
> 你会寻找值得赞美她的话语，
> 你会颂赞她，而她已经漫步于高天。
> 你最好的东西在她身旁也相形见绌。
> 她的话语令人困惑，但她是正确的。
> 你和她斗争，她会获胜。
> 你不想为她服务，但你仍然是她的奴隶。
> 她喜欢把善良和关爱丢还给你。
> 自尊有什么用？她会将其打压下去。
> 她设置目标，在道路上飞行。
> 如果她堵住你的道路，她会立刻把你举起。
> 如果你向她出价，她会对你提价，

> 在协商中，你会放弃财富、智慧和一切。
> 她以千般形态降临人间，
> 在水上翱翔，在草地上疾行。
> 她拥有神圣的身材，令人炫目而激动，
> 她的形式使她的内容变得高贵，
> 使之和她自己获得最强大的力量。
> 她散发着青春气息和女人的情欲走来。[1]

这些诗句清晰表明，对厄庇墨透斯来说，潘多拉拥有灵魂意象价值——她代表他的灵魂；所以，她拥有神圣力量和不可动摇的崇高地位。每当这些特征被赋予某个人格时，我们都可以确信，这个人格是符号承载者，是潜意识内容投射而成的意象，因为潜意识内容拥有歌德描述的至高力量，下面的诗句无与伦比地刻画了这一点："如果你向她出价，她会对你提价。"这行诗句完美捕捉了意识内容通过与潜意识类似内容相联系而实现的特殊情绪强化。这种强化拥有一些迷人的精灵色彩，因此拥有"神圣"或"邪恶"效应。

---

[1] 《潘多拉》，《作品集》，VI，第429、430页。

我们已经指出,歌德的普罗米修斯是外倾的。在他的《潘多拉》中,这一点没有改变。不过,这里没有普罗米修斯与灵魂即潜意识女性本原的关系。为弥补这一点,厄庇墨透斯作为转向内心世界的内倾者出现。他沉思,他从过往的坟墓中挖掘记忆,他"反思"。他与斯皮特勒笔下的厄庇墨透斯完全不同。所以,我们可以说,在歌德的《潘多拉》中,他在之前片段中的暗示得到实现。普罗米修斯代表行动的外倾者,厄庇墨透斯代表沉思的内倾者。这个外倾形式的普罗米修斯在斯皮特勒笔下是内倾形式的普罗米修斯。在歌德的《潘多拉》中,他只为集体目的进行创造——他在山上建立了正规工厂,为全世界生产有用物品。他与内心世界的联系被切断,这种关系转到了厄庇墨透斯身上,即转到外倾者次要的纯反应式的思想和感觉上,它们拥有未分化功能的一切特征。所以,厄庇墨透斯完全被潘多拉支配,因为她在各方面优于厄庇墨透斯。从心理学角度看,这意味着外倾者的潜意识厄庇墨透斯功能即奇妙沉思式幻想被灵魂的干预所强化。如果灵魂与分化程度较低的功能结合，那么高级分化功能一定也是集体的；它是集体良心（斯皮特勒笔下的合理言行）的仆人，不是自由的仆人。每当这种情况发生时——这种情况经常发生——分化程度较低的功能或"另一面"都会被病理性的自我中心主义所强化。接着，外倾者用忧郁或臆想的沉思填充空闲时间，甚至可能出现歇斯底里的幻想和其他症状[1]，而内倾者需要与无法控制的自卑感斗争[2]，这种自卑感令他措手不及，使他陷入同样凄惨的境地。

《潘多拉》中的普罗米修斯和斯皮特勒笔下普罗米修斯的相似性到此为止。他仅仅是集体对于行动的渴望。他非常片面，相当于性欲的抑制。他的儿子菲莱罗斯〔Phileros，意为爱洛斯（Eros）的情人〕仅仅是性欲而已；因为作为他父亲的儿子，他只能在潜意识的强迫下重新经历父母没有经历过的生活，就像许多儿童那样。

---

[1] 这可能会被社交能力的爆发或紧密的社交圈子所弥补，这种热切追求是为了遗忘。

[2] 有时被病态狂热活动所弥补，后者也是为了抑制。

厄庇墨透斯总是事后反思自己轻率的行为，他和潘多拉的女儿叫作埃皮梅雷亚，意为忧虑，这很恰当。菲莱罗斯喜欢埃皮梅雷亚，普罗米修斯拒绝潘多拉的罪过由此得到了惩罚。同时，普罗米修斯的勤奋被证明只是未被承认的性欲，厄庇墨透斯对于过去的持续沉思被证明是理性的疑虑，可能限制了普罗米修斯的持续生产力，使之保持在合理范围内。此时，普罗米修斯和厄庇墨透斯实现了和解。

歌德这种寻找解决方案的尝试似乎源于他的外倾心理，这使我们回到了斯皮特勒的尝试上。之前，为了讨论歌德的普罗米修斯，我们暂时把斯皮特勒放在了一边。

斯皮特勒笔下的普罗米修斯和他的神一样，背对世界，背对外部，面向内心，注视中心，即重生的"狭窄通道"。[①] 这种专注或内倾将利比多注入潜意识。潜意识活动得到加强——心理开始"工作"，创造了希望离开潜意识进入意识的产物。

---

① 参考《转变的符号》，417段，引文结尾。

不过，意识有两种态度：普罗米修斯态度和厄庇墨透斯态度，前者从世界提取利比多，内倾而不发散，后者不停发散，以没有灵魂的方式做出反应，被外部客体的说法吸引。从心理学上说，当潘多拉向世界赠送礼物时，这意味着很有价值的潜意识产物即将抵达外倾意识。也就是说，它在寻找与现实世界的联系。用俗话说，普罗米修斯的一面就是艺术家的一面。虽然他在直觉上理解这个产物的巨大价值，但他个人与世界的联系在很大程度上从属于蛮横的传统，因此它只被看作艺术品。它其实是承诺生命更新的象征，但是这一点并没有得到认识。要想从纯美学兴趣转变成生活现实，它必须被同化到生活中，得到真实体验。不过，当一个人的态度以内倾为主，喜欢抽象时，外倾功能处于弱势地位，被集体限制所掌控。这些限制使心理创造的符号无法拥有生命。宝石被丢失，但是如果这个符号表达的最重要的价值即"神"无法成为鲜活的事实，你就无法真正生活。所以，宝石的丢失也象征了厄庇墨透斯堕落的开始。

此时，物极必反开始了。厄庇墨透斯拥有

无可非议的良心和广为承认的道德准则，但他没有像所有理性主义者和乐观主义者那样理所当然地认为，由于一切趋向于"上升式发展"，因此良好状态之后是更好的状态。他与贝希摩斯（Behemoth）及其邪恶主人立约，甚至将别人委托他照顾的神圣儿童交换给了魔鬼。在心理学上，这意味着对于世界的集体未分化态度扼杀了一个人的最高价值，成了毁灭力量，其影响得到提升，直到普罗米修斯一面即理想和抽象态度为灵魂的宝石服务，并且像真实的普罗米修斯一样，为世界点燃新的火焰。斯皮特勒的普罗米修斯需要摆脱独处状态，冒着生命危险告诉人们他们是错误的，并且告诉他们错在哪里。他必须承认真理的冷酷无情，正如歌德的普罗米修斯需要通过菲莱罗斯体验爱情的冷酷无情。

厄庇墨透斯态度中的毁灭元素其实是这种传统集体限制，这体现在厄庇墨透斯对于"小羊羔"的愤怒中。这个小羊羔显然是传统基督教的象征。在这种情感爆发中，我们看到了与《查拉图斯特拉如是说》中的驴节类似的事物。它是当代趋势的表达。

人类往往会忘记，曾经美好的事物不会永远美好。在好方法转变成坏方法很久以后，他仍然会使用古老的方法。只有经历最大的牺牲和难以形容的痛苦，他才能摆脱这种幻觉，认识到曾经美好的事物现在大概已经变老了，不再美好了。这适用于大事，也适用于小事。曾经非常好的童年方法和习惯很难被人抛弃，尽管它们的坏处早已得到证明。态度的历史转变也是如此，但是规模更大。集体态度等同于宗教，宗教的改变构成了世界历史最痛苦的篇章之一。在这方面，我们这个时代的盲目性是无与伦比的。我们认为，只要宣布人们接受的信条是错误和无效的，我们就可以从心理上摆脱基督教和犹太教的所有传统影响。我们相信启蒙，仿佛表面上的智力改变对于情绪过程甚至潜意识具有更加深刻的影响。我们完全忘记了，过去两千年的宗教是一种心理态度，一种从内部和外部适应这个世界的明确形式和方式，它确定了明确的文化模式，创造了一直不受任何智力否定影响的氛围。当然，表面上的改变作为未来可能性的暗示，在征兆上很重要，但在更深层次上，根据心理惰性法则，心理继续以旧有态度长期运转。所以，潜意识可以维持异教信仰。古代精灵在文艺复兴中轻松复活，非常古老的原始心态在这个时代同样轻松复活，这也许是历史上任何时代都无法比拟的。

态度越是根深蒂固，摆脱它的努力就越猛烈。启蒙时代的口号"踩死败类"预示了法国大革命开启的宗教剧变，这种宗教剧变无非是态度的基本调整而已，尽管它缺乏普遍性。从此，态度整体改变的问题从未消失；它在十九世纪许多重要思想家那里再次出现。我们看到席勒是怎样试图掌控它的。在歌德对普罗米修斯和厄庇墨透斯的处理中，我们看到了在分化程度较高的功能和分化程度较低的功能之间实现某种统一的另一次尝试，前者对应于支持善良的基督教理想，后者的抑制对应于排斥邪恶的基督教理想。[1] 在普罗米

---

[1] 参考歌德的《秘密》（*Geheimnisse*），《作品集》，III，第273—283页。这里尝试了蔷薇十字架解决方案，它是狄俄尼索斯（Dionysus）和基督的结合，即蔷薇和十字架的结合。这首诗使人冷静，旧瓶不可装新酒。

修斯和厄庇墨透斯的象征中，席勒试图从哲学和美学上解决的困难被包裹在古典神话的外衣里。所以，就像我在前面指出的那样，典型而经常发生的事情发生了：当一个人遇到困难的任务，无法用他所掌握的方法解决时，利比多会自动出现倒退运动，即回归。利比多远离当前问题，变得内倾，在潜意识中激活意识局面比较原始的对应物。这种法则决定了歌德的符号选择：普罗米修斯是救世主，将光和火带给在黑暗中受苦的人类。歌德学识渊博，完全可以选择另一个救世主。所以，他所选择的符号不足以作为解释。相反，你必须在古典精神中寻找解释。在十八世纪，人们感觉古典精神拥有补偿价值，以各种可能的方式表达古典精神——包括美学、哲学、道德甚至政治（亲希腊主义）。获得"自由""天真""美丽"等赞美之辞的古代异教满足了那个时代的渴望。就像席勒清晰表明的那样，这些渴望来自不完美、精神野蛮主义、道德奴役、单调的感觉。这种感觉又来自对于一切希腊事物的片面评价，来自随后分化和未分化功能的心理分裂变得痛苦而明显的事实。基督教将人分成两半，一半宝贵，一半堕落，这是那个时代高级感性无法忍受的。原罪与永恒的自然美思想不符，这种思考使时代回顾更早的时候，那时原罪思想还没有破坏人的完整性，崇高和卑微的人性仍然可以极为天真地共存，不会触犯道德和美学的敏感性。

不过，复古的文艺复兴与《普罗米修斯片段》和《潘多拉》拥有同样的命运：胎死腹中。古典解决方案不再有效，因为夹在中间的基督教世纪及其深刻精神剧变无法消除。所以，对于古代的喜爱在中世纪主义中逐渐消失。这一过程体现在歌德的《浮士德》中。在那里，这个问题得到了正面讨论。善良和邪恶的神圣赌注得到了接受。浮士德是中世纪的普罗米修斯，他与靡菲斯特（Mephistopheles）即中世纪的厄庇墨透斯进行了斗争，和他做了约定。在这里，问题得到了强烈聚焦，你可以将浮士德和靡菲斯特看成同一个人。厄庇墨透斯本原总是反向思考，将一切简化成"合流形式"的原始混沌（303段），它浓缩成魔鬼，后者的邪恶力量用"魔鬼冷拳"威胁一切生物，可以迫使光明返回它所诞生的母性黑暗中。魔鬼到处表现出真正的厄庇墨透斯思维，即"只有"思维，它将一切化为乌有。厄庇墨透斯对潘多拉的天真热情变成了靡菲斯特对浮士德灵魂的邪恶阴谋。普罗米修斯拒绝神圣潘多拉的明智预见性在格雷琴（Gretchen）的悲剧、对海伦（Helen）的渴望及其迟到的满足、朝向天堂母亲的无限攀登（"永恒的女性/引导我们不断向上"）中得到补偿。

普罗米修斯认可众神的反抗被人格化为中世纪魔法师形象。魔法师形象保存了一丝原始异教痕迹[①]；他拥有还没有被基督教二分法影响的性格，与仍然具有异教性质的潜意识保持联系。在潜意识里，对立事物以最初的天真状态并置，位于"原罪"触摸不到的地方。不过，如果被同化到意识生活里，它们容易以同样的魔力作恶和行善（这个力量的一部分，既能作恶又能行善）。他既是毁灭者，又是救世主，这种形象特别适合成

[①] 通常，更加古老的族群拥有魔法力量。它在印度是尼泊尔人，在欧洲是吉普赛人，在新教地区是圣方济会托钵僧。

为解决冲突的符号承载者。而且，中世纪魔法师丢弃了失去可能性的古典天真，完全投入到了基督教氛围中。古老的异教元素必须首先驱使他进入完全基督教式的自我否定和禁欲中，因为他对救赎的渴望极为强烈，所有道路都需要得到探索。最终，基督教解决尝试也会失败。接着，他发现，救赎的可能性恰恰在于对于古老异教元素的固执坚持，因为反基督符号开启了接纳邪恶的道路。所以，歌德的直觉捕捉到了这个非常尖锐的问题。显然，更加肤浅的解决尝试——《普罗米修斯片段》《潘多拉》以及混合了狄俄尼索斯喜悦和基督教自我牺牲的蔷薇十字会妥协——仍然不完整。

浮士德的救赎始于他的死亡。他终生保持的普罗米修斯神圣性格到死才离他而去，伴随着他的重生。在心理学上，这意味着在成为统一整体之前，个体必须放弃浮士德态度。首先作为格雷琴出现、后来在更高层次上作为海伦出现、最后上升为光荣母亲（Mater Gloriosa）的形象是一种象征，这里无法讨论它的许多含义。我只能说，它是位于诺斯替主义核心的那个原始意象，是神圣妓女意象——夏娃（Eve），海伦，玛利亚（Mary），索菲亚－阿卡莫特（Sophia-Achamoth）。

3. 统一符号的意义

如果我们从目前获得的有利视角再次观察斯皮特勒对于问题的呈现，我们立刻就会发现，与邪恶的约定不是来自普罗米修斯的设计，而是来自厄庇墨透斯的轻率。厄庇墨透斯只有集体良心，对于内心世界的事物没有分辨力。面向客体的视角总是允许自己完全被集体价值决定，因此忽视了新奇独特的事物。当前集体价值当然可以用客观标准衡量，但是只有自由的个体评估——鲜活的感受——才能真正衡量刚刚创造出来的事物。它还需要你拥有"灵魂"，而不是仅仅与客体存在联系。

厄庇墨透斯的堕落始于新生神之意象的丢失。他在道德上无懈可击的思想、感情和行为完全无法阻止邪恶和毁灭元素悄悄潜入，占据上风。邪恶的入侵象着之前美好的事物转变成了有害事物。在这里，斯皮特勒表达的思想是，虽然占据支配地位的道德本原起初很卓越，但它逐渐失去与生命的重要联系，因为它不再拥抱生命的多样性和丰富性。在理性上正确的事情是非常狭隘的概念，无法捕捉生活的全部，给予其永远的表达。神的诞生完全超出了理性范围。在心理学上，它表明了一个事实：最强烈生命的新象征和新表达得到了创建。事实证明，每个厄庇墨透斯式个体和个体身上的所有厄庇墨透斯属性都无法理解这一事件。从此，生命的最大强度只能在这个新方向上找到。其他所有方向逐渐消散，被人遗忘。

赋予生命的新符号来自普罗米修斯对灵魂女主人的爱，后者其实是精灵。所以，你可以确信，邪恶元素也和新符号及其鲜活的美交织在一起，否则它就会缺少生命的光辉和美丽，因为生命和美丽具有道德中立性。所以，厄庇墨透斯式集体心态在它里面找不到任何价值。它完全被其片面的道德视角蒙蔽了双眼，等同于"小羊羔"。厄庇墨透斯背叛"小羊羔"时的愤怒是新形式的"踩死败类"，是对既有基督教的反抗，后者无法理解新符号，因此无法为生命提供新方向。

如果没有诗人能够理解和阅读集体潜意识，这种单纯的事实陈述可能会使我们内心冰冷。诗人总是首先预感到在黑暗中移动的神秘潮流，并用我们能够理解的象征尽最大努力表述它们。他们像真正的预言家一样，使我们知道集体潜意识的萌动，用《旧约》的话说，这是"上帝意志"。随着时间的推移，这种萌动必然会作为集体现象浮出水面。普罗米修斯行为的救赎意义、厄庇墨透斯的堕落、他与为灵魂服务的兄弟的和解、厄庇墨透斯对"小羊羔"的报复——回忆乌格利诺（Ugolino）和卢吉埃里大主教（Ruggieri）之间的残忍场景[1]——提供了需要血腥反抗传统集体道德的冲突解决方案。

对于能力平庸的诗人，我们可以认为，他的最佳作品不会超越他的个人快乐、悲伤和抱负。不过，斯皮特勒的作品完全超越了他的个人命运。

---

[1] 但丁，《地狱》，XXXII。

所以，他对问题的解决不是孤立的。从这里到规制破坏者查拉图斯特拉（Zarathustra）只有一步之遥。施蒂纳（Stirner）在叔本华（Schopenhauer）之后也加入进来，后者首先提出了"世界否定"理论。在心理学上，"世界"表示我看待世界的方式，我对世界的态度；所以，你可以将世界看成"我的意志"和"我的思想"。世界本身是冷漠的，是我的肯定和否定创造了差别。所以，否定本身是对世界的态度，是具有叔本华特征的态度，它一方面是纯智力和理性的，另一方面是对世界的神秘深刻认同感。这种态度是内倾的；所以，它饱受类型对立之苦。不过，到目前为止，叔本华的作品超越了他的人格。它表达了无数人模糊地想到和感受到的事情。尼采也是如此：尤其是他的《查拉图斯特拉如是说》揭示了我们这个时代的集体潜意识内容，在他身上，我们看到了同样鲜明的特征：对于常规道德氛围的反叛，以及对于"最丑陋的人"的接纳，这导致了《查拉图斯特拉如是说》呈现的令人震惊的潜意识悲剧。不过，创造性头脑从集体潜意识中提取的内容也是存在的，迟早会出现在集体心理中。无政府主义、弑君、极左虚无主义元素的持续增加和分裂，伴随着对文化抱有绝对敌意的计划——这都是大众心理现象，它们早已得到诗人和创造性思想家的暗示。

所以，我们不能对诗人漠不关心，因为在他们从集体潜意识深处创造的主要作品和最深刻的灵感中，他们大声说出了其他人只能在梦中见到的事情。虽然他们的声音很响亮，但他们只创造了具有美学旨趣的符号，丝毫没有意识到它的真正含义。我并不否认，诗人和思想家对于自己和后代具有教育影响。不过，在我看来，他们的影响主要在于，如果他们拥有教育影响或吸引力，那么他们非常清晰响亮地表达了所有人都知道的事情，而这只限于这种普遍存在的潜意识"知识"。拥有最大、最直接暗示影响的诗人知道如何以恰当形式表达最浅层的潜意识。不过，创造性头脑看得越深，它对大众而言就越陌生，在某方面优于大众的人受到的抵制就越大。大众不理解他，尽管他们在潜意识里经历了他所表达的事情；

这不是因为诗人的表述，而是因为大众的生命源于他所窥视的集体潜意识。比较有思想的人当然理解他的一些信息，但是由于他的表述与群体中正在进行的过程相符，而且他预测了他们自己的抱负，因此他们憎恨这种思想的创造者，这不是出于恶意，而是仅仅出于自我保护本能。当他对于集体潜意识的洞察达到一定深度，其内容不再能够被任何有意识的表达方式所捕捉时，大众很难判断它是病态产物还是因为非常深奥而无法理解。没有得到充分理解但却具有深刻意义的内容通常拥有一些病态特征。病态产物通常是有意义的。不管怎样，它都很难理解。即使这些创造者能够出名，那也是在他们死后，通常需要推迟几个世纪。奥斯特瓦尔德（Ostwald）宣称，现在的天才最多只会被误解十年。这种说法一定仅限于科技发现领域，否则就太可笑了。

我想，我还应该强调另一件非常重要的事情。《浮士德》、瓦格纳（Wagner）的《帕西法尔》、叔本华和尼采的《查拉图斯特拉如是说》对于问题的解决方案具有宗教性质。所以，斯皮特勒也选择了宗教背景，这并不令人吃惊。当一个问题被看作宗教问题时，这意味着从心理学角度说，它被看作非常重要、特别有价值的事情，涉及整个人，因此也涉及潜意识（神界、异世界等）。在斯皮特勒笔下，宗教背景非常华丽，因此具体宗教问题消失在背景深处，但它也获得了神话的丰富性和复古色彩。华丽的神话色彩使这部作品很难讨论，因为它将问题包裹起来，使之无法清晰理解，而且模糊了它的解决方案。这种神话故事总是具有深奥、怪诞、较为粗俗的特点，这阻碍了移情，使人远离作品的含义，为整部作品赋予了非常令人讨厌的风格，这种风格具有某种原创性，仅仅通过对细节的过度关注而摆脱了心理异常。不管这种浓郁的神话色彩多么令人讨厌且无味，它至少可以为象征提供足够的展开空间。不过，在这种潜意识方式中，诗人的意识头脑很茫然，无法指出它的意义，只能专注于神话扩充和润色。在这方面，斯皮特勒的诗歌与《浮士德》和《查拉图斯特拉如是说》不同。在后两部作品中，作者更加有意识地解释了符号的含义。所以，

《浮士德》的神话内容和《查拉图斯特拉如是说》的智力内容得到精简，以服务于理想的解决方案。因此，《浮士德》和《查拉图斯特拉如是说》的美学满足感远胜于斯皮特勒的普罗米修斯。不过，后者比较忠实地反映了集体潜意识的实际过程，拥有更大的真实性。

《浮士德》和《查拉图斯特拉如是说》非常有利于个体解决问题，而斯皮特勒的《普罗米修斯和厄庇墨透斯》包含大量神话素材，因此对于这个问题和它在集体生活中的出现方式给出了更加一般的洞见。首先，斯皮特勒对于潜意识宗教内容的描绘揭示了神的更新符号。后来，他在《奥林匹斯的春天》中更加详细地讨论了这个符号。这个符号似乎与心理类型和功能的对立存在紧密联系，显然是想以一般态度更新的形式找到解决方案，潜意识术语将其表述为神的更新。这是几乎普遍存在的著名原始意象。我只需要指出，从神死而复活及其原始前身，到为偶像和护身符重新赋予魔力，许多神话都包含这一意象。它表达了态度转变，这种转变创造了新的潜力、新的生命表现形式和新的丰收。后一种类比解释了神的更新与季节和植被现象之间得到充分证明的联系。你自然倾向于认为，季节、植被、月亮和太阳神话是这些类比的基础。不过，这种观点忘记了神话和一切心理现象类似，无法完全取决于外部事件。一切心理现象都带有内部条件。所以，你同样有理由指出，神话是纯心理的，气象和天文事件只是它的表达方式而已。许多原始神话的异想天开和荒谬性常常使后一种解释看上去比其他解释更加恰当。

神之更新的起始点是心理能量配置的日益分裂。心理能量又叫利比多。一半利比多分布在普罗米修斯方向上，另一半利比多分布在厄庇墨透斯方向上。自然，这种分裂对社会和个体都有阻碍作用。所以，生命最适点越来越多地从两个极端回撤，寻找中间道路，这条道路必然具有非理性和潜意识特征，因为对立事物是理性和有意识的。中间位置作为对立事物的调解功能，拥有非理性特征，仍然处于潜意识中，因此它被投射到调解神弥赛亚身上。在更加原始的西方宗教形式中——这种原始是因为缺乏洞见——新的生命提供者作为上帝或弥赛亚出现，他以慈爱、关切或者自己的决心在合适时机结束这种分裂，其原因我们还无法理解。这种观念的幼稚性无需强调。东方几千年来一直熟悉这一过程，在此基础上建立了救赎的心理学说，将救赎道路带入人的视野和能力范围内。所以，在印度和中国的宗教、尤其是将二者结合的佛教中，你可以通过有意识态度走上具有神奇效力的救赎中间道路。吠陀概念是指有意识地寻求从二元对立事物中解脱出来，以抵达救赎道路。

a. 婆罗门教对于矛盾问题的观念

梵语用"相违释"一词来表示心理学意义上的矛盾。它还表示（尤其是男人和女人），冲突，争吵，战斗，怀疑。矛盾是由世界创造者规定的。《摩奴法典》说[①]：

而且，为了区分行为，他将优点与缺点相区

---

① 《东方圣书》(*Sacred Books of the East*)，XXV，13页。

别，使众生受到痛苦和快乐等矛盾的影响。

评注者库卢卡（Kulluka）还提到了更多矛盾，包括欲望和愤怒、爱和恨、饿和渴、细心和愚蠢、光荣和耻辱。《罗摩衍那》说："这个世界一定永远承受矛盾之苦。"从本质上说，不让自己受到矛盾影响，做到无争（自由，不被矛盾触及），使自己超脱矛盾，这是一项道德任务，因为从矛盾中解脱会导致救赎。

我在下面的段落中给出了一系列例子：

> 当他的心性对一切事物无动于衷时，他在现世和死后获得了永恒快乐。以这种方式逐渐放弃一切牵绊、摆脱一切矛盾的人独自安歇于婆罗门。[1]

《吠陀经》谈到了三德；不过，阿朱那（Arjuna）啊，不要对三德动心，不要对矛盾动心，

---

[1] 参考《摩奴法典》（*The Laws of Manu*），SBE，XXV，第212页。

要永远坚定勇敢。①

之后在最深的冥想即三昧中是不受矛盾困扰的状态。②

在那里，他摆脱了善行和恶行。他喜爱的亲属继承了善行；不太喜爱的亲属继承了恶行。接着，他看淡了日夜，看淡了善行和恶行，看淡了一切矛盾，就像你在驾驶战车时看不见双轮一样。他认识了婆罗门，摆脱了善恶，进入婆罗门。③

进入冥想的人必须控制愤怒、对世界的依恋和感官欲望，摆脱矛盾，回避对私利的追逐，放弃期待。④

我将以尘为衣，以天为屋，住在树下，放弃一切爱恨、一切悲伤和快乐、指责和赞美，既不

---

① 黑天（Krishna）的著名告诫，《薄伽梵歌》，2.45。

② 帕坦伽利（Patanjali）的《瑜伽经》（*Yongasutra*）。多伊森（Deussen），《哲学全史》，I，第3部分，第511页。

③ 《海螺氏奥义书》（*Kaushitaki Upanishad*），1.4。参考休姆（Hume），《十三主奥义书》（*The Thirteen Principal Upanishads*），第304、305页。

④ 《光明点奥义书》（*Tejobindu Upan*），3。参考《小奥义书》（*Minor Upanishads*），第17页。

珍惜希望，也不提供尊重，摆脱矛盾，放下财富和累赘。①

如果一个人不管是生是死，是幸运还是不幸，不管是收获还是失去，是爱还是恨，都能保持不变，他就可以获得解脱。如果一个人不渴望任何事情，不鄙视任何事情，摆脱矛盾的束缚，他的灵魂没有热情，那么他在任何方面都是自由的……如果一个人不行善，不作恶，与前世获得的优点和缺点断绝关系，肉身消失时灵魂仍能保持平静，他就可以获得解脱。②

我享受了一千年的感官刺激，但我对它们的渴望还在不断涌现出来。所以，我要与它们断绝关系，把我的思想指向婆罗门，对矛盾淡然处之，摆脱享乐，随自然一同驰骋。③

通过宽容众生，通过苦行生活，通过自律和

---

① 《摩诃婆罗多》（*Mahabharata*），1.119.8f.。参考达特（Dutt）翻译，I，第168页。

② 《摩诃婆罗多》（*Mahabharata*），14.19.4f.。参考达特，XIV，第22页。

③ 《薄伽梵往事书》（*Bhagavata Purana*），9.19.18f.。参考《广林奥义书》，3.5，休姆，第112页："当他对非苦行状态和苦行状态感到厌恶时，他就会变成婆罗门。"

禁欲，通过誓言和没有过错的生活，通过沉着和忍受矛盾，人可以分享婆罗门的极乐，后者是没有特征的。①

他们远离骄傲和妄想，征服了依恋的罪恶，永远忠于最高阿特曼（Atman），没有欲望，不被痛苦和快乐的矛盾所影响，无妄地走向不朽之地。②

这些引文表明，心理必须首先拒绝外部矛盾，比如冷热，然后拒绝极端情绪波动，比如爱恨。当然，情绪波动持续伴随着一切心理矛盾，因此也伴随着一切道德或其他方面的思想冲突。根据经验，我们知道，如此引发的情绪与激发因素对个体的整体影响是成比例的。所以，印度人的目的是明确的：它想将个体从人性固有的矛盾中彻底释放出来，使他可以在婆罗门中获得新生命，而婆罗门既是救赎状态，也是神。它是矛盾的非

---

① 《薄伽梵往事书》，4.22.24。
② 《大鹏往事书》（*Garuda Purana*），16.110。参考《印度圣书》，XXVI，第167页。

理性结合，是矛盾的最终解决。作为世界的基础和创造者，婆罗门创造了矛盾，但矛盾必须在婆罗门中再次抵消，否则婆罗门就不会达到救赎状态。让我再举几个例子：

> 婆罗门既是存在，又是虚无，既是现实，又是虚幻。①

> 婆罗门有两种形式：有形的和无形的，凡人的和永生的，静止的和运动的，现实的和超验的。②

> 那个人是万物的创造者，伟大的自性（Self），永远在人心里，他被心、思想和头脑所感知；知道这一点的人可以永生。没有无知的黑暗，也就没有了日夜，没有了存在和虚无。③

> 不朽、无限、最高的婆罗门之中隐藏着两件

---

① 多伊森（Deassen），《哲学史》（*Geschichte der Philosophie*），I，第2部分，第117页。

② 《广林奥义书》（*Briha daranyaka Upan*），2.3.1。参考休姆，第97页。

③ 《白识净者奥义书》（*Shvetashvatara Upan*），4.17–18。参考休姆，第405页。

事：知与不知。不知会死亡，知会永生；不过，控制知和不知的人是另一位。①

比小更小、比大更大的自性隐藏在这个生物心里。当人在造物主的恩典下看到自性的光辉时，他就可以摆脱欲望和悲伤。他静坐不动，却能走到远处，躺卧在床，却能前往各处。除了我，谁能认识喜悦和悲伤的神呢？②

它静止不动，却比头脑更加迅速。
它飞速向前，超过感觉之神。
它站立前行，超越他人。
……
它动而不动。
既远又近。
位于万物以内，
位于万物以外。③

---

① 《白识净者奥义书》（Shvetashvatara Upan），5.1。参考休姆，第406页。

② 《伽陀奥义书》（Katha Upan），2.20–21。参考休姆，pp. 349ff.。

③ 《伊莎奥义书》（Isha Upan），4–5。参考休姆，第362、363页。

鹰隼在空中飞翔后感到疲惫,收起翅膀,进入巢穴。类似地,这个人(神我)迅速进入无欲无梦的睡眠状态。

这正是他的形式,它超越了欲望,远离邪恶,无所畏惧。男人在被心爱的女人拥抱时对于自身和外物一无所知。类似地,这个人在被聪明的自性拥抱时对于自身和外物一无所知。这正是他的形式。在这种形式中,一切欲望都被满足,自性是他惟一的欲望,也就是没有欲望,没有悲伤。

他融汇成了独一无二的视觉境域,他的世界是婆罗门……这是人最高的成就,最大的财富,最终的目标,最大的快乐。[1]

移动的,飞行却又站立不动的,
呼吸却又没有呼吸的,
闭上眼睛的,
拥有许多形式,支撑整个世界,

---

[1] 《广林奥义书》,4.3.19,第21、32页。参考休姆,pp.136ff.

合为一体，成为惟一。①

这些引文表明，婆罗门是一切矛盾的统一和分裂，同时作为非理性因素位于矛盾以外。所以，它完全超越了认知和理解。它是神圣实体，既是自性（程度低于类似的阿特曼概念），又是独立于情感波动的明确心理状态。由于痛苦是一种情感，因此摆脱情感意味着解脱。摆脱情感波动和矛盾对立等同于逐渐通往婆罗门的救赎之路。所以，婆罗门不仅是状态，也是过程，是创造性绵延。所以，《奥义书》用我所说的利比多符号来表达它，这并不令人吃惊。②在下一节，我要举出一些例子。

b. 婆罗门教关于统一符号的观念

当该教言说婆罗门起初诞生于东方，这意味着婆罗门每天诞生于东方，就像远方的太阳。③

---

① 《阿闼婆吠陀》，10.8.11。参考惠特尼（Whitney）、兰曼（Lanman）翻译，VIII，第597页。

② 《转变的符号》，pars. 204ff.。

③ 《百道梵书》，14.1.3, 3。参考SBE，XLIV，459f.。

太阳中的那人是帕拉梅什丁（Parameshtin）、婆罗门、阿特曼。①

> 婆罗门就像太阳光。②
> 至于婆罗门，它是那个燃烧的圆盘。③
> *起初，婆罗门诞生在东方。*
> *仁慈者在地平线华丽现身；*
> *他照亮世界最深和最高处，*
> *他是已来和未来的摇篮。*
> *他是星辰之父，财宝的创造者，*
> *以多种形象进入空间。*
> *他们用赞美诗称颂他，*
> *使年轻的婆罗门增长婆罗门。*
> *婆罗门推出众神，婆罗门创造世界。*④

---

① 《鹧鸪氏森林书》（*Taittiriya Arangaka*），10.63.15。
② 《瓦加萨纳伊本集》（*Vajasanayi Samhita*），23.48。参考格里菲思（Griffith）翻译，第215页。
③ 《百道梵书》（*Shata Patha Brahmana*），8.5.3，7。参考SBE，XLIII，第94页。
④ 《鹧鸪氏梵书》，2.8.8，8ff.。

我在上一段将一些重点标成斜体。它们表明，婆罗门既是创造者，也是被创造者，处于持续生成状态。"仁慈者"（维纳）的外号这里用来表示太阳，在其他地方用来表示被赋予圣光的先知，因为和婆罗门－太阳类似，先知的头脑"跨越天地冥想婆罗门"[1]。神圣者与人之自性（阿特曼）之间的紧密联系即等同通常为人所知。下面是《阿闼婆吠陀》的例子。

婆罗门的弟子把生命给了两个世界。
在他身上，众神只有一个头脑。
他包含和支撑天地，
即使对他的老师来说，他的苦行也是食物。
人们前去拜访婆罗门的弟子，
父亲和众神，单人或多人，
他用苦行滋养众神。[2]

---

[1] 《阿闼婆吠陀》，10.5.1。
[2] 《阿闼婆吠陀》〔关于苦行（自我修行），参考《转变的符号》，pars. 588ff.〕。

婆罗门的弟子是婆罗门的化身。所以,婆罗门的本质等同于稳固明晰的心理状态。

> 被众神驱动的太阳在远处发出灿烂的光芒。
> 它带来了梵天(Brahma)的力量,即至高婆罗门,
> 还有一切神祇,以及使他们不朽的事物。
> 婆罗门的弟子支撑婆罗门的华丽,
> 众神交织在他里面。[1]

婆罗门也是普拉纳(prana),即生命气息和宇宙本原;它是伐由(vayu),即风,《广林奥义书》(3,7)将其描述为"将这个世界、异世界和万物连接起来的线索,自性、内心控制者、永生者"。

> 住在人里面和太阳里面的是一样的。[2]
> 垂死者的祈祷:

---

[1] 《阿闼婆吠陀》,11.5.23,24。参考惠特尼(Whithey)、兰曼翻译,VIII,第639、640页。

[2] 《鹧鸪氏奥义书》,2.8。参考休姆,第289页。

真实者之面

覆盖着金盘。

打开它,哦,太阳,

我们也许能看到真实者的真面目。

……

发出你的光芒,把它们收集起来!

我看到了光线,

它是你最美好的形式。

住在那边太阳里的人是我自己。

当我的躯体化为灰尘时

愿我的呼吸进入不朽之风。[1]

这光照在这天堂之上,高于一切,位于万物之上,在世界最高处,它的外面没有其他世界。这光和人里面的光是一样的。我们可以感受到体内热量的触动,这是实实在在的证据。[2]

作为米粒,或者大麦粒,或者粟粒,或者粟粒壳,心中这个金人就像无烟之火,大于地,大

---

[1] 《广林奥义书》,5.15。参考休姆,第157页。
[2] 《察汗多雅奥义书》(*Chhandogya Upan*),3.13.7。参考休姆,第209页。

于天，大于空间，大于所有世界。它是万物灵魂，是我自己。我将由此离去，进入那里。①

《阿闼婆吠陀》将婆罗门看作生命本原和生命力，它塑造了一切器官及其本能：

谁把种子种在他里面，使他能够世代繁衍？谁为他赋予了思想的力量，使他能够说话，拥有表情？②

就连人的力量也来自婆罗门。我还可以举出无数这样的例子。显然，从婆罗门的各种属性和象征来看，婆罗门概念与被我称为利比多的动态创造性本原重合。"婆罗门"一词表示祈祷、咒语、神圣的话语、神圣的知识（吠陀）、神圣的生命、神圣的种姓（婆罗门种姓）、绝对。多伊森强调祈祷的含义，认为它是特别典型的特征。③这

---

① 《百道梵书》，10.6.3。参考SBE，XLIII，400页。
② 《阿闼婆吠陀》，10.2.17。参考惠特尼/兰曼翻译，VIII，第569页。
③ 多伊森，I，第1部分，240ff。

个词语源于 barh（参考拉丁语 farcire），意为"膨胀"[①]。由此，"祈祷"被看作"人向上追求神圣的意愿"。这种由来暗示了一种特殊心理状态，一种特别的利比多聚集，它通过过度洋溢的神经兴奋制造了与膨胀感有关的整体紧张状态。所以，在日常用语中，在提到这种状态时，人们常常使用"情绪饱满""无法克制自己""爆发"等意象。（"心有所想，口有所言。"）瑜伽修行者（Ygoi）系统性地从外部客体和内心状态回收注意力（利比多），即从矛盾回收注意力，以实现利比多的集中和积累。对感官和意识内容的屏蔽实现了意识的弱化（就像催眠一样）和潜意识内容即原始意象的激活。由于这些意象普遍存在，来自远古，因此拥有宇宙和超人性质。所以，太阳、火、火焰、风和呼吸的比喻从远古时起一直象征着推动世界的生殖力和创造力。我在《转变的符号》一书中已经专门研究了这些利比多符号。所以，这里不会详细讨论这一主题。

[①] 《阿闼婆吠陀》，11.4.15部分将婆罗门或呼吸（普拉纳）称为摩多利首（matarisvan），"他在母腹内膨胀"，可以作为佐证。参考惠特尼、兰曼翻译，VIII，第63页。

创造性世界本原思想是人自身生命实质的投射感受。为避免各种生机论误解，你最好抽象看待这个实质，将其仅仅看作能量。另一方面，像现代物理学家那样将能量概念实体化的做法必须得到严格抵制。能量概念暗示了极性概念，因为能量流动必然以两种不同状态或极性为前提。没有极性，就没有流动。所有能量现象（所有现象都是能量现象）都是由矛盾双方构成的：开始和结束、上和下、热和冷、早和晚、原因和结果，等等。能量概念与极性概念密不可分，这也暗示了利比多概念。所以，来自神话或思辨的利比多符号要么直接表现为矛盾双方，要么可以分解成矛盾双方。我在之前的作品中提到了这种利比多的内部分裂，这引发了很大的抵制。在我看来，这是没有道理的，因为利比多符号和极性概念的直接联系本身就是充分的证据。我们也可以在婆罗门概念或符号中找到这种联系。婆罗门是祈祷和原始创造力的结合，而原始创造力融入了性别对立中。《梨俱吠陀》的一首优美颂歌提到了婆罗门（10.31.6）：

歌者的祈祷传得很远，

成了先于世界存在的公牛。

众神是同一窝婴儿，

同住在阿修罗（Asura）的宅邸。

塑造天地的树木，

它们是什么呢？

二者屹立不动，永不变老，

在许多黎明和清晨唱出了赞歌。

公牛，天地的支撑者，

没有比他更伟大的事物。

当他像苏利耶（Surya）一样骑着栗色马前行时，

他用皮肤过滤和净化光线。

他像太阳的矢箭，照亮宽阔的大地，

当风吹散浓雾时，他席卷世界。

他涂着酥油，与密特拉（Mitra）和伐楼拿（Varuna）一同到来，

他像柴火中的阿耆尼（Agni），发出光芒。

之前不孕的母牛被赶向他，开始生子，

她创造的不动事物动了起来，自由吃草。

她生下比父母年长的儿子。

在《百道梵书》(2.2.4)中，创造性世界本原的极性以另一种形式得到了体现：

起初，世界上只有钵罗阇钵底（Praja^pati）[①]。他想：我怎样传播自己？他苦苦修行。接着，他从口中生出了阿耆尼（火）[②]。由于他从口中生出了阿耆尼，因此阿耆尼是食物吞噬者。

钵罗阇钵底想：我生出了阿耆尼，作为食物吞噬者。不过，除了我自己，他没有可以吞噬的东西。这是因为，大地当时非常贫瘠，没有草和树木。这种思想重重压在他的心头。

接着，阿耆尼张着大嘴转向他。他的崇高自我对他说：牺牲自己！接着，钵罗阇钵底知道：我的崇高自我对我说话了。于是，他牺牲了。

由此出现了在远处发光之物（太阳），由此出现了在此净化万物之物（风）。于是，钵罗阇钵底

[①] 钵罗阇钵底是宇宙创造性本原，等同于利比多。《鹧鸪氏本集》，5.5.2，1："钵罗阇钵底创造万物以后，将爱注入他们体内。"参考基思（Keith）翻译，II，第441页。

[②] 火是从口中生出来的，这与语言存在明显的联系。参考《转变的符号》，pars. 208ff.。

通过牺牲自己传播了自己，同时摆脱了被死亡吞噬的命运，因他已被阿耆尼吞噬。

牺牲永远意味着放弃自己宝贵的一部分。由此，牺牲者逃脱了被吞噬的命运。换句话说，他不是转化到对立面，而是实现了平衡和统一，由此出现了利比多的新形式：太阳和风。《百道梵书》还说，钵罗阇钵底一半是凡人，一半是永生者。①

钵罗阇钵底将自己分成公牛和母牛，并以同样方式将自己分成末那（头脑）本原和瓦克（言语）本原：

> 世界上只有钵罗阇钵底，瓦克就是他自己，是他的第二自我。他想：我把这个瓦克生出来，她将前去遍及万物。接着，他生出了瓦克，她前去充斥宇宙。②

这段引文特别重要，因为它将语言看作利比

---

① 参考《转变的符号》，294段的狄俄斯库里主题。
② 《庞卡维姆沙梵书》（*Pancavimsha Brahmana*），20.14.12。参考《印度书库》（*Bibliotheca Indica*），第252卷，145ff.。

多的创造性外倾移动,即歌德意义上的舒张。下面的段落也有类似说法:

事实上,钵罗阇钵底就是这个世界,瓦克是他的第二自我,和他在一起。他和她交配,使她怀孕,她从他体内出来,创造了这些生物,然后再次进入钵罗阇钵底里面。[①]

在《百道梵书》(8.1.2,9)中,瓦克获得了重要角色:"瓦克其实是明智的毗首羯磨(Vishvakarman),因为整个世界是由瓦克创造的。"不过,在另一段话(1.4.5,8-11)中,末那和瓦克的主次问题得到了不同的判决:

现在,头脑和言语想要分出高下。头脑说:我优于你,因为你只能说出我所分辨的事物。言语说:我优于你,因为我能说出你所分辨的事物,使人知晓。

他们去找钵罗阇钵底评判。钵罗阇钵底做出了对头脑有利的判决,他对言语说:头脑的确优于你,因为你复制头脑的行为,在他的轨道上运

---

① 韦伯(Weber),《印度研究》(*Indische Sudien*),IX,第477页,多伊森,I,第1部分,第206页。

行；而且，劣者喜欢模仿优者。

这些段落表明，世界创造者将自己分成的本原是分裂的。他们起初包含在钵罗阇钵底中，下面的引文清晰体现了这一点：

钵罗阇钵底想：我想变多，我要繁衍。接着，他在头脑中静静冥想，他头脑中的事物变成了歌曲。他想到：这个胚胎隐藏在我的身体里，我可以通过言语将它表达出来。接着，他创造了言语。①

这段引文介绍了作为心理功能的两个本原：末那是生成内心产物的利比多内倾，瓦克是外化或外倾功能。这引出了与婆罗门有关的另一段引文：

当婆罗门进入异世界时，他想：我怎样遍布这些世界呢？他通过形式和名称两次遍布这些世界。

二者是婆罗门的两个妖怪。谁知道婆罗门的这两个妖怪，谁就会变成强大的妖怪。它们是婆罗门的两种强大表现形式。②

稍后，形式被定义为末那（"末那是形式，因为你通过末那知道它是这种形式"），名称被定义

---

① 《庞卡维姆沙梵书》，7.6。
② 《百道梵书》，11.2.3。参考SBE，XXVI，第27、28页。

为瓦克（"因为你通过瓦克掌握名称"）。所以，婆罗门的两个"强大妖怪"是头脑和言语这两种心理功能，婆罗门通过它们遍布两个世界，这显然象征了"联系"功能。人通过末那内倾，以"理解"或"吸收"事物的形式；通过瓦克外倾，以便为事物命名。二者都涉及与客体的联系和对客体的适应，以及客体的同化。两个"妖怪"显然被看作人格化，它们的另一个名字夜叉（"显灵"）暗示了这一点，因为夜叉的含义类似于精灵或超人。在心理学上，人格化总是代表被人格化内容的相对自主性，即它从心理层次结构中分离出来。这种内容无法自动再现，它们是自发再现的，不然就是以相同方式从意识中提取出来的。例如，当自我和某种情结不兼容时，这种分离就会发生。我们知道，根据观察，这种现象最常发生于性情结，但其他情结也会分离，比如权力情结，即以获得个人权力为目标的所有努力和思想的总和。不过，还有一种分离形式，即意识自我和指定功能与人格其他成分的分离。这种形式的分离可以定义成自我对特定功能或功能群体的认同。过度沉浸在某种心理功能之中、将其分化到惟一意识适应途径中的人经常出现这种分离。

在文献中，悲剧开始时的浮士德是这方面的经典案例。他的其他人格成分先后以"黑色卷毛狗"和魔鬼靡菲斯特的形象找到他。从许多关联来看，靡菲斯特也代表了性情结，但是在我看来，你不能将他解释成分离出去的情结，认为他只是被压抑的性欲。这种解释过于狭隘，因为靡菲斯特远远不只是性欲——他还是权力；实际上，他相当于浮士德的整个人生，除了被思考和研究占据的部分。浮士德与魔鬼立约的结果清晰表明了这一点。超乎想象的权力可能性出现在恢复青春的浮士德面前。所以，正确的解释是，浮士德认同了一种功能，作为靡菲斯特从他的整体人格中分离出来。之后，思想家瓦格纳也从浮士德中分离出来。

对于片面性的意识能力是最高文明的象征，但是无意识的片面性，也即对片面性的无力摆脱，则是野蛮的象征。所以，最片面的分化存在于半野蛮族群中——例如，基督教禁欲主义的某些方面违背了良好的品味，瑜伽士和西藏佛教徒也存在类似现象。野蛮人往往会以某种方式沦为片面性的受害者，看不到自己的完整人格，这是他们巨大而持续的危险。例如，《吉尔伽美什史诗》的开头就是这种冲突。野蛮人的片面性表现为魔鬼般的冲动，它拥有某种暴跳如雷、胡作非为的性质。在所有情形中，它以本能的衰退为前提，这是真正的原始人所没有的。所以，真正的原始人通常没有文化野蛮人的片面性。

对于某种功能的认同会立刻导致矛盾对立。片面性越不由自主，偏向一边的利比多越不受控制，它就会变得越邪恶。当一个人被不受控制、难以驯服的利比多冲昏头脑时，他会谈到恶魔附体或神奇影响。在这种意义上，末那和瓦克的确是强大的魔鬼，因为它们对人影响极大。过去，一切具有强大影响的事物都被看作神祇或魔鬼。例如，诺斯替派将头脑人格化为像蛇一样的努斯（Nous），将言语人格化为逻各斯（Logos）。瓦克和钵罗阇钵底的关系与逻各斯和上帝的关系相同。我们这些心理治疗师每天都会遇到内倾和外倾可能变成的那种魔鬼。我们在患者身上看到利比多向内或向外流动时难以抵挡的力量，看到内倾或外倾态度难以动摇的韧性，我们本人也能感受到这一点。利比多出现时会立刻分为两条溪流，它们通常周期性交替，但有时可能以冲突形式同时出现，即外向溪流与内向溪流相冲突，这一心理事实与将末那和瓦克描述成"婆罗门强大妖怪"的说法完全相符。两种运动的恶魔性质在于它们难以控制的特征和势不可挡的力量。不过，只有当原始人的本能受到严重阻碍，使对抗片面性的自然且有意的运动受到阻止，文化又不够进步，无法使人驯服利比多按照自己的自由意志和意图跟踪它的内倾或外倾运动时，你才能感受到这种恶魔性质。

c. 作为动态调节法则的统一符号

在上述印度文献段落中，我们从矛盾角度跟踪了救赎本原的发展，将它们的起源追溯到同样的创造性本原上，从而深刻理解了与现代心理学概念兼容的常规心理现象。这种现象规律性地发生的印记得到了印度文献的证实，因为它们将婆罗门等同于利塔（rta）。什么是利塔？利塔是指既有秩序、规则、命运、神圣习俗、法规、圣律、正义、真理。根据语源学证据，利塔的本意是法令、（正确的）道路、方向、（应该遵循的）路径。利塔的命令填充整个世界，但利塔具体表现为永远保持恒定、引发常规重现思想的自然过程："天生的黎明由于利塔的命令而明亮。"管理世界的古人"通过遵守利塔使太阳升上天堂"，而太阳是"利塔的炽热面容"。年环绕天空旋转，是利塔的十二辐条的轮盘，永不老化。阿耆尼被称为利塔的后裔。在人类的行为中，利塔作为道德法则运行，规定真理和正道。"谁遵守利塔，谁就能找到没有荆棘的平坦大道。"

由于利塔代表宇宙事件的神奇重复或重演，因此它在宗教仪式中也很重要。当河水遵照利塔流动，深红的黎明被点燃时，祭品也"在利塔驾驭下"[1]被点燃；在利塔的道路上，阿耆尼向众神献祭。"我摆脱魔法，召唤众神；我凭借利塔工

---

[1] 暗指马，暗示利塔的动态性质。

作，塑造我的思想，"献祭者说。虽然利塔在吠陀经中没有以人格化形象出现，但是根据贝尔盖纽（Bergaigne）的说法①，它显然有具体存在的迹象。由于利塔表达了事件方向，因此有"利塔道路""利塔马车夫"②"利塔船"等说法。有时，众神似乎也和利塔类似。例如，利塔和天神伐楼拿拥有同样的描述。古代太阳神密特拉也与利塔存在联系。关于阿耆尼，有这样的说法："如果你为利塔而努力，你会成为伐楼拿。"③众神是利塔的守卫者。④下面是一些最重要的联系：

利塔是密特拉，因为密特拉是婆罗门，利塔也是婆罗门。⑤

---

① 参考《吠陀宗教》，III，索引I，s.v.利塔。
② 阿耆尼（Aghi）被称为利塔马车夫。参考《吠陀颂歌》（*Vedic Hymns*），SBE，XLVI，第158页，7（《梨俱吠陀》，1.143.7），160页，3（《梨俱吠陀》，1.144.3），第229页，8（《梨俱吠陀》，3.2.8）。
③ 奥尔登贝格（Oldenberg），《吠陀宗教与神话》，167ff. 以及《吠陀宗教》，194ff. 关于这条文献，我要感谢苏黎世的E·阿贝格（Abegg）教授。
④ 多伊森，《哲学史》，I，第1部分，第92页。
⑤ 《百道梵书》，4.1.4，10。参考SBE，XXVI，第272页。

> 通过将奶牛献给婆罗门，你可以获得所有世界，因为奶牛包含了利塔、婆罗门和苦行。①
>
> 钵罗阇钵底被称为利塔的长子。②
>
> 众神遵守利塔的律法。③
>
> 看到隐身者（阿耆尼）的人接近利塔的河流。④
>
> 哦，英明的利塔，聪明的利塔！许多河道因利塔而得到挖掘。⑤

"钻火"指对火神阿耆尼崇拜，这首颂歌就是献给阿耆尼的。（这里将阿耆尼称为"利塔的红色公牛"。）在阿耆尼崇拜中，点燃的火焰被看作生命重生的神奇象征。为利塔之河挖掘河道显然拥有相同意义；生命之河再次浮出水面，利比多从

---

① 《阿闼婆吠陀》，10.10.33。参考惠特尼、兰曼翻译，II，第608页。

② 《阿闼婆吠陀》，12.161。参考惠特尼、兰曼翻译，II，第671页。

③ 《梨俱吠陀》，1.65.3。（《吠陀颂歌》，SBE，XLVI，第54页。）

④ 1.67.7。（参考第61页。）

⑤ 4.12.2。（参考第393页。）

束缚中得到解放。①钻火仪式或吟诵赞歌制造的效果自然被信仰者看作客体的神奇效应；实际上，它是主体的"着魔"，是生命感觉的强化，是生命力的增长和释放，是心理潜力的恢复：

  虽然他"阿耆尼"溜走了，但是祈祷者径直向他走去。他们"祈祷者"引导了利塔的溪流。②

这种流动能量意义上的生命感觉的恢复通常被比作从泉眼涌出的泉水，比作冬季坚冰在春季的融化，比作漫长干旱后的降雨。③下列段落体现了这一主题：

  哞哞叫的利塔奶牛乳房饱满，乳汁充盈。从

---

 ① 利比多的释放是通过仪式实现的。这种释放将利比多置于意识控制下。在那里，利比多被驯服。它从未被驯服的本能状态转变成可控状态。下面的段落说明了这一点："统治者和慷慨的主人用他们的力量使他（阿耆尼）从深处和公牛形象中显现出来。"《梨俱吠陀》，1.141.3。（参考《吠陀颂歌》，第147页。）

 ② 《梨俱吠陀》，1.141.1。

 ③ 参考《提什特里亚（提尔亚什特）之歌》，选自《转变的符号》，395和439段，n.47。

远处乞求众神恩惠的溪流以汹涌之势从岩石中间喷涌出来。①

这种意象显然暗示了能量紧张状态,暗示了利比多的抑制和释放。在这里,利塔以"哞哞叫的奶牛"的形象出现,作为祝福的提供者和被释放能量的终极来源。

前面提到的作为利比多释放的雨水意象来自下面的段落:

浓雾飞扬,云聚雷鸣。当涨满利塔之奶的人走上利塔正道时,在地上漫步的阿厘耶门(Aryaman)、密特拉(Mitra)和伐楼拿(Varuna)填满了下层世界中孕育之地的表层(即云层)。②

涨满利塔之奶的阿耆尼被比作从积雨云发出的闪电。在这里,利塔再次作为能量实际来源出现,阿耆尼也由此诞生,就像《吠陀颂歌》明确

---

① 《梨俱吠陀》,1.73.6。(参考《吠陀颂歌》,第88页。)
② 1.79.2–3。(参考第103页。)

提到的那样[1]。

> 他们欢呼迎接利塔溪流，后者隐藏在神的出生地，隐藏在他的座位上。他在那里饮水，当他居于水的孕育之地。[2]

这证实了我们的说法，即利塔是利比多的来源，是神的住所。在那里，他在神圣仪式中诞生。阿耆尼是潜伏的利比多的积极表现形式；他是利塔的完成者或实现者，是它的"马车夫"；他驾驭着利塔的两匹长鬃红母马。[3] 他甚至像骑马一样用缰绳拉着利塔。[4] 他把众神的力量和祝福带给人类；他们代表了明确的心理状态，在这种状态中，生命感觉和能量带着更大的自由和快乐流动。尼采在诗中捕捉到了这种状态：

> 你用燃烧的长矛，
> 击碎我冰封的灵魂，

---

[1] 1.79.2–3。第161页，7。
[2] 1.144.2。（参考第160页，2。）
[3] 3.6（244页，6）和4.2（第316页，3）。
[4] 同上，第382页。

>直到它带着厚望前进
>咆哮着冲进大海。①

下面的祈祷回应了这一主题：

愿圣门即利塔的增长者自行打开……众神可能会出来。愿夜晚和黎明……利塔的年轻母亲在献祭之草上一同坐下。②

与日出的类比是明确的。利塔作为太阳出现，因为初升的太阳是从黑夜和黎明诞生的。

我想，我无需举出更多例子，以证明利塔概念是像太阳和风一样的利比多符号。不过，利塔没有那么具体，含有固定方向和规律性的抽象元素，即事先确定的有序道路或过程思想。所以，它是一种哲学利比多符号，可以直接与斯多葛派的赫玛墨涅（Heimarmene）概念相比。对斯多葛派来说，赫玛墨涅拥有创造性原始热量的意义，同时也是事先确定的常规过程（所以，它的另一个含义是"星辰的冲动"）。作为心理能量的

---

① 参考《快乐的智慧》，第211页。
② 《梨俱吠陀》，1.142.6。（参考《吠陀颂歌》，第153页，8。）

利比多自然也有这些属性；能量概念必然包含有序过程思想，因为过程总是从较高势能流向较低势能。它与利比多概念相同，后者仅仅象征了生命过程的能量。它的法则是生命能量法则。作为能量概念的利比多是生命现象的量化公式，后者自然具有强度变化。和物理能量类似，利比多会经历各种可以想象的转变；我们可以在潜意识幻想和神话中找到这方面的充分证据。这些幻想主要是能量转变过程的自我呈现，后者遵循它们的特定法则，保持明确的"路径"。这条路径是代表能量最优释放及其相应结果的直线或曲线。所以，它只是表现了流动和自我呈现的能量。这条路径就是利塔，是正道，是生命能量即利比多的流动，是事先确定的持续的自我更新的流动路径。这条路径也是命运，因为人的命运取决于心理。它是我们命运的路径，是我们存在法则的路径。

你不应该认为，这种方向或趋势仅仅是自然主义的，即对于个人本能的完全屈服。这种观点认为本能具有持续"向下"趋势，自然主义相当于朝向斜面的不道德地滑落。我不反对这种自然主义解释，但我一定会观察到，像原始人那样不受拘束、因此完全有机会下滑的人不仅拥有道德准则，而且这种准则要求严格，常常被认为比我们的文明道德更加严格。原始人眼中的善恶含义和我们也许不同，但这并不重要；原始人的自然主义会导致法律的确立——这才是重点。道德不是某个自负的摩西（Moses）在西奈发明的误解，而是生活法则中的固有事物，是像房屋、轮船或其他文化工具那样被人制造出来的。利比多的自然流动即同样的中间道路意味着彻底遵守人性的基本法则，绝对没有比将利比多导向生命最优方向的与自然法则的和谐更高的道德准则。生命最适点不会出现在粗糙的利己主义中，因为人的基本构成决定了他为邻居提供的快乐对他至关重要。对于个人至高地位的无节制渴望也无法实现最适点，因为人的集体成分极为强大，他对友谊的渴望会毁掉单纯利己主义的一切快乐。只有通过遵守收缩和舒张交替的利比多涨落法则，我们才能抵达最适点。这些法则提供了快乐和必要的快乐限制，为每个人设置了人生任务。如果不完成这些任务，我们永远无法抵达生命之最适点。

如果中间道路的实现仅仅在于屈服本能，就像"自然主义"鼓吹者认为的那样，人类已知的最深刻的哲学思辨就会失去存在意义。不过，当我们研究《奥义书》哲学时，我们日益感到，这条道路的实现并不是最简单的任务。西方面对这些印度思想时的傲慢态度体现了我们的野蛮本性，我们完全无法理解他们独特的深度和惊人的哲学准确性。我们仍然非常无知，需要来自外部的律法和监督者或者天父告诉我们什么是善良正确的行为。由于我们的野蛮程度很高，因此我们觉得任何对人性法则的信任都是危险而不道德的自然主义。为什么？因为在野蛮人单薄的文化面具下，野兽正在蠢蠢欲动，这足以证明他的恐惧理由。不过，我们没有将野兽锁在笼子里，将其驯服。没有自由，就没有道德。当野蛮人释放体内的野兽时，这不是自由，而是束缚。要想获得自由，必须首先战胜野蛮。原则上，当个体感觉道德的根源和驱动力是自己本性的组成部分而不是外部限制时，他才能做到这一点。如果不通过矛盾冲突，人又怎么能获得这种意识呢？

d. 中国哲学中的统一符号

矛盾双方之间的中间道路思想还以"道"的形式出现在中国。道的概念通常与公元前604年出生的哲学家老子相联系。不过，这一概念比哲学家老子还要古老。它与道教这一古代民间宗教相联系。道是"天道"，这一概念对应于《吠陀》中的利塔。道的含义包括道路、方法、原则、自然力或生命力、自然的有序过程、世界思想、一切现象的首要原因、正义、善良、道德秩序。一些译者甚至将道译为上帝。在我看来，这并非没有道理，因为道和利塔类似，拥有一些实体色彩。

我首先列出老子经典作品《道德经》中的一些段落：

> 吾不知谁之子，
> 象帝之先。
> 有物混成，

>先天地生。
>
>寂兮廖兮,
>
>独立而不改,
>
>周行而不殆,
>
>可以为天地母。
>
>吾不知其名,
>
>强字之曰道。

为了刻画道的本质特征,老子将其比作水:上善若水。水善利万物而不争,处众人之所恶,故几于道。

这是对于"潜能"思想的最佳表述。

>故常无欲,以观其妙。
>
>常有欲,以观其徼。

这显然与婆罗门的基本思想存在相似性,但这并不意味着二者一定存在直接联系。老子是完全原创的思想家,隐藏在"利塔-婆罗门-阿特曼"和"道"背后的原始意象和人一样普遍,作为能量、"灵魂力"或者其他原始概念出现在所有时代和所有族群中。

> 知常容，
> 容乃公，
> 公乃全，
> 全乃天，
> 天乃道，
> 道乃久，
> 没身不殆。

所以，道的知识和婆罗门的知识拥有相同的救赎和升格效应。人与道合一，伴随着无尽的创造性绵延〔我们可以将柏格森（Bergson）的这个概念与更古老的同类概念进行比较〕，因为道也是时间之流。它是非理性的，难以想象的：

> 道之为物，惟恍惟惚。
> 天下万物生于有，
> 有生于无。

> 道隐无名。

它显然是矛盾双方的非理性统一，即是和非的象征。

> 谷神不死，
> 是谓玄牝。
> 玄牝之门，
> 是谓天地根。

道是创造性过程，像父母一样生产后代。它是万物的开始和结束。

> 故从事于道者，同于道。

所以，完美的圣人看透了矛盾双方的联系及交替，从矛盾中解脱出来。所以，老子说：

> 功遂身退，
> 天之道也。

故不可得而亲，不可得而疏，

不可得而利，不可得而害，

不可得而贵，不可得而贱。

与道合一类似于婴儿状态：

载营魄抱一，能无离乎？

专气致柔，能如婴儿乎？

知其雄，守其雌，

为天下溪。

为天下溪，

常德不离，

复归于婴儿。

含德之厚，

比于赤子。

我们知道，这种心理态度是进入天国的重要条件，而它——尽管存在所有理性解释——又是核心的非理性象征，是救赎效应的来源。基督教象征比东方类似概念拥有更具社会性的特征。它们与来自人和事物或者——在更高的发展水平上——来自神祇或神圣本原的神奇力量这一古老动态思想直接相关。

根据道家核心思想，道可以分为阴阳这对基本矛盾。阳代表温暖，光明，男性；阴代表寒冷，黑暗，女性。阳也是天，阴也是地。神是人类灵魂中的神圣部分，来自阳性力量，鬼是人类灵魂中的世俗部分，来自阴性力量。人作为小宇宙，是矛盾双方的调和者。天、地、人组成了三才，即世界三大元素。

这幅画面体现了非常原始的思想，我们可以在其他地方看到它的类似形式，比如在西非神话中，最初的父母奥巴塔拉（Obatala）和奥杜杜阿（Odudua）（天和地）一起躺在葫芦里，直到他们之间出现儿子，即人。所以，人作为统一世界矛盾的小宇宙，等同于统一心理矛盾的非理性符号。这个人类原始意象符合席勒对符号的定义，即"生命形式"。

心理分为神（或魂）之灵魂和鬼（或魄）之灵魂，这是一个重要的心理学事实。这个中国概念在《浮士德》的著名段落中得到了反映：

> 唉，两个灵魂住在我的胸中，
> 为争夺控制权而博弈。
> 一个拥有对于爱的粗俗渴望热情，
> 拥抱充满甜蜜感觉的世界；
> 另一个渴望上天的美好牧场，
> 离开黑暗，追求崇高的遗产。[1]

两种相互对立的趋势都想将人拉进极端态度中，使他在物质或精神层面上陷入这个世界，二者的存在使他与自己不和，因此需要抗衡的力量。这个力量就是"非理性第三者"，即道。所以，圣人急切希望与道和谐共处，以免落入矛盾冲突中。由于道是非理性的，因此它无法被意志获取，就像老子反复强调的那样。这为另一个中国特有的概念"无为"赋予了特殊意义。"无为"意为"什么也不做"（不要将其与"无所事事"相混淆）。我们的理性主义"作为"既是我们这个时代的伟

---

[1] 《浮士德》，第一部分，第67页。

大，也是它的邪恶，它不会带来"道"。

道家道德的目标是通过回归道，从宇宙的矛盾对立中寻求解脱。在这方面，我们不能忘记"近江圣人"——十七世纪日本优秀哲学家中江藤树（Nakae Toju）。[1] 他基于来自中国的朱熹学派学说，确立了"理"和"气"这两个本原。理是世界灵魂，气是世界物质。不过，理和气是相同的，因为它们都是神的属性，只能在神身上存在，通过神存在。神是它们的统一。灵魂平等接纳理和气。谈到神，藤树说："神作为世界的本质接纳世界，同时又在我们中间，甚至在我们体内。"对他来说，神是宇宙自我，个体自我是我们体内的"天堂"，是超越感觉的神圣事物，叫作"良知"。良知是"我们心中的神"，住在每个人心中。它是真正的自我。藤树区分了真正的自我和虚假的自我。虚假的自我是混合了邪恶信念的习得人格。我们可以将这个虚假自我定义成人格面具，它是我们通过体验我们对周围世界的影响及其对我们

---

[1] 井上，《日本哲学》，选自《哲学全史》，第84、85页。

的影响建立起来的一般自我概念。用叔本华的话说，人格面具是一个人在自己和世界眼中的形象，不是他的真面目。他的真面目是他的个体自我，是藤树所说的"真正自我"或良知。良知也叫"独处"或"独知"。这显然是因为，它是与自我本质相关的状态，超越了外部经历影响的一切个人判断。藤树将良知看作至善，看作"极乐"（婆罗门是极乐，阿难陀）。它是遍布世界的光——根据井上（Inouye）的说法，这仍然与婆罗门类似。它是对人类的爱、永生、全知、善良。邪恶来自意志（这与叔本华的观点相似）。良知是自我调节功能，是理和气这对矛盾的协调者和统一者；它完全符合"住在心里的明智老人"这一印度思想。正如日本哲学的中国之父王阳明所说："每个人心中都住着圣人。不过，我们对它的信仰不够坚定。所以，它完全处于被掩埋状态。"①

从这个角度，我们不难看出在瓦格纳的《帕西法尔》（Parsifal）中解决问题的原始意象是什

---

① 同上，第85页。〔参考王阳明，《传习录》，陈（Chan）翻译，207节，第193、194页。〕

么。在这里，痛苦是由圣杯和克林莎（Klingsor）的权力代表的矛盾对立引发的，克林莎占有了圣矛。孔德丽（Kundry）被克林索施了魔咒，她象征安福塔斯（Amfortas）缺少的本能生命力或利比多。帕西法尔将利比多从不安和难以控制的本能状态中解救出来，这首先是因为他没有屈服于孔德丽，其次是因为他没有圣杯。安福塔斯拥有圣杯，因此而受苦，因为他缺少利比多。帕西法尔两样都没有，他摆脱了矛盾，做到了无争，因此是救赎者，是治愈和更新生命力的提供者，将明亮、神圣、女性的圣杯符号与阴暗、世俗、男性的长矛符号统一起来。孔德丽的死也许可以看作利比多从自然未驯服形式的解放（参考"公牛的形象"，350段，n.93），这个形式作为无生命外壳脱落，能量作为新的生命溪流在圣杯的光辉中爆发。

通过放弃矛盾双方（尽管他至少在部分程度上不愿意放弃），帕西法尔阻塞了利比多，创造了新的潜能，使新的能量表现形式成为可能。不可否认的性符号很容易导致片面解释，即长矛和圣杯的结合仅仅象征了性欲的释放。不过，安福塔斯的命运表明，性欲不是重点。相反，他恢复了被自然束缚的粗野态度，这导致了他的痛苦，使他失去了力量。孔德丽对他的引诱是象征行为，说明使他受伤的主要原因不是性欲，而是被自然束缚的冲动态度和对生理冲动的软弱屈服。这种态度体现了动物成分在心理中的优势地位。为野兽准备的献祭伤口伤害到了被兽性战胜的人——这是为了人的进一步发展。就像我在《转变的符号》中指出的那样，根本问题不是性欲本身，而是利比多的驯服，它与性欲的关系在于，性欲是最重要、最危险的利比多表现形式之一。

如果我们在安福塔斯以及长矛和圣杯的结合中只能看到性问题，我们就会陷入无法解决的矛盾，因为造成伤害的事物也是提供治疗的事物。只有你在更高层面上将矛盾双方看作统一体，认识到它不是某种形式的性欲问题，而是管理包括性活动在内所有活动的单纯态度问题，这种矛盾才是真实而可以存在的。我必须再次强调，分析心理学的实际问题比性欲及其抑制更加深刻。后一种观点在解释心理的幼年病态部分时当然非常宝贵，但不足以解释整个心理。性欲和权力本能背后是对于性欲和权力的态度。由于态度不仅是直觉现象（即潜意识自发现象），而且是意识功能，因此它主要是人生观。影响我们心态的某些集体思想会深刻影响我们对于一切问题的观念，这种影响有时是有意识的，但更多时候是潜意识的。这些集体思想与过往世纪和时代的人生观和世界观存在紧密联系。我们是否意识到这种依赖并不重要，因为这些思想通过我们呼吸的空气影响我们。集体思想总是具有宗教性质，只有表现原始意象的哲学思想才会成为集体思想。它们的宗教性质来自下面的事实：它们表达了集体潜意识的现实，因此能够释放其潜在能量。包括性在内的重要人生问题总是与集体潜意识的原始意象有关。这些意象是平衡或补偿因素，对应于我们在现实中面对的人生问题。

这并不令人吃惊，因为这些意象是数千年生存适应之斗争经历的沉淀。每一次重要人生经历和每一次深刻冲突都会唤醒这些积累下来的宝贵意象，引发它们内在的集聚。不过，只有当个体拥有很强的自我意识和理解力，对经历进行反思，而不是盲目生活时，他才能意识到这些意象。否则，他就会在生活中经历神话和象征而不自知。

4. 符号的相对性

a. 女性崇拜和灵魂崇拜

统一矛盾双方的基督教原则是上帝崇拜。在佛教中，它是自我崇拜（自我发展）。在斯皮特勒和歌德的作品中，它是由女性崇拜象征的灵魂崇拜。这种分类一方面隐含了现代个人主义原则，另一方面隐含了原始多神主义，它为每个种族、部落、家庭和个体分配了具体宗教原则。

《浮士德》的中世纪背景拥有很特殊的意义，因为有一个中世纪元素掌管着现代个人主义的诞生。在我看来，它始于女性崇拜，这种崇拜极大地强化了作为心理因素的人类灵魂，因为女性崇拜意味着灵魂崇拜。但丁的《神曲》最为美妙和完美地表达了这一点。

但丁是情人的精神骑士，他为她踏上了前往地狱和天堂的冒险。在这种壮举中，她的意象上升为神圣神秘的上帝之母形象——这一形象从客体中分离出来，成了纯粹心理因素的人格化，或者说潜意识内容的人格化，我把这个人格称为阿尼玛（anima）。《天堂》第三十三章通过圣贝纳尔多（St. Bernard）的祈祷表达了但丁心理发展的顶点：

> 哦，圣母玛利亚，圣子的女儿，
> 比其他所有人更加谦卑高贵，
> 事先指定的永恒意志客体！
> 你让人变得如此高贵
> 就连人类的创造者也愿意
> 成为自己的创造物。

22—27行、29—33行、37—39行也提到了这种发展：

此人来自最远到这里的

整个宇宙最深的深渊，

见过精神的存在，

现在，他乞求你的恩典，你要赐予他力量

使他用眼睛提升自己

朝着终极救赎继续上升。

……

我……奉献给你

我的所有祈祷——愿它们足够

愿你用你自己的祈祷，

驱散他的所有死亡阴云，

使他获得极乐。

……

愿你的保护平息他的人类热情！

看哪，贝阿特丽切（Beatrice）和许多受祝福的灵魂

紧握双手，乞求你应允我的愿望！

在这里，但丁借圣贝纳尔多之口发言，这暗示了他自己的转变和提升。同样的转变也发生在浮士德身上，他从格雷琴上升到海伦，从

海伦上升到上帝之母；他的本性被反复的比喻性死亡所改变〔马车男孩，侏儒，欧福里翁（Euphrorion）〕，直到他作为马里亚努斯医生（Marianus）实现最高目标。浮士德以这种形象发出了对于圣母玛利亚的祈祷：

女王住在蓝色天空，
在整个世界最上方，
看到神圣的景象，
我请求揭示奥秘。
惩罚人心中可能移动的，
纤弱朴素的感情，
带着圣爱之光
把他提升到你身边。
坚不可摧的灵魂上升
如果崇高的你愿意；
以宁静的智慧平息那风暴
如果你的怜悯让它安静。
泛着纯粹圣光的处女，
登上最高王位的圣母，

> 我们选择的女王出身最高贵，
> 永恒的上帝同辈。
> ……
> 哦，悔恨的心，用你的眼睛寻找
> 救赎的面容；
> 在那凝视中极乐，上升，
> 通过快乐的重生。
> 现在，愿所有善良的脉动
> 寻求拜伏于你面前，
> 圣母，女王，
> 女神，让我们沐浴在你的恩典中。[1]

在这方面，我们还可以提到《洛雷托连祷文》中圣母玛利亚的符号属性：

> Mater amabilis 可爱母亲
> Mater admirabilis 神妙母亲
> Mater boni consilii 忠告母亲
> Speculum justitiae 正义之镜

---

[1] 《浮士德》，第二部分。

Sedes sapientiae 智慧宝座

Causa nostrae laetitiae 我们快乐的源泉

Vas spirituale 圣灵之器

Vas honorabile 荣耀之器

Vas insigne devotionis 圣情之器

Rosa mystica 神秘玫瑰

Turris Davidica 大卫之塔

Turris eburnea 象牙之塔

Domus aurea 黄金之屋

Foederis arca 约柜

Janua coeli 天堂之门

Stella matutina 晨星

这些属性揭示了圣母玛利亚意象的功能意义：它们展示了灵魂意象（阿尼玛）是如何影响意识态度的。她作为奉献容器出现，是智慧和更新的来源。

我们可以在早期基督教文献《牧人书》中找到这种从女性崇拜到灵魂崇拜的典型转变。《牧人书》的作者赫尔玛斯（Hermas）活跃于公元140

年左右。这本书用希腊语写成，包含许多异象和启示，描述了新信仰的巩固。这本书曾长期被看作正经，但却被《穆拉多利经目》排除在外。它的开头是：

> 养育我的人把我卖到罗马的罗达家（Rhoda）。多年以后，我再次遇到罗达，开始喜欢她，就像喜欢姐妹一样。一天，我看到她在台伯河里洗澡。我把手递给她，拉她出水。看到她的美，我想："如果我能有这样美丽优秀的妻子，我该有多快乐呀！"这是我惟一的想法。除此以外，我没有其他想法。

这一经历是后面幻象情节的起点。赫尔玛斯显然是罗达的奴隶；接着，他获得了自由，这很正常。后来，他再次遇到了她。此时，他的心中激荡起爱的感情，这可能既是来自感激，也是来自高兴。不过，他只把这种感情看作手足之情。赫尔玛斯是基督徒。而且，就像随后的文本揭示的那样，他当时已经做了父亲，这些情况很容易解释性欲的压抑。这种特殊局面显然会引发许多问题，它更容易使性欲进入意识。实际上，这清晰地体现在他的想法中，他想拥有像罗达一样的妻子。不过，就像赫尔玛斯竭力强调的那样，这仅限于这种简单陈述，因为更加明确直接的想法会立刻受到道德的禁止和抑制。后面的故事清晰表明，这种受到抑制的利比多为他的潜意识带来了强烈转变，因为它为灵魂意象注入生命，使之自发显现：

> 一段时间以后，我去库迈旅行，赞美上帝无穷、美妙、强大的创造。当时，我沉沉睡去。一个精灵把我叫醒，带我穿过人迹罕至的区域。正常人不会来到这里，因为这里的地表遍布裂隙和水道。我穿过河流，走上平地，跪下来，向上帝祈祷，承认我的罪恶。当我祈祷时，天开了，我看到了我渴望的女士，她从天堂向我打招呼，说："你好，赫尔玛斯！"我看着她，说："夫人，你在那里做什么？"她回答说："我被接上来，以便在我主面前控告你的罪恶。"我对她说："你现在

要控告我吗?""不,"她说,"你现在听我说。上帝住在天堂里,为了他的圣教会从无创造了有,使之扩大增长。现在,上帝对你发怒了,因为你对我犯了罪。"我回应她说:"我对你犯了什么罪?我何时何地对你说过邪恶的话语呢?我不是将你看作女神吗?我不是将你当成姐妹吗?哦,夫人,为什么你要用如此邪恶污秽的罪名诬告我呢?"她笑着对我说:"犯罪的欲望在你心中出现。在你眼里,正直人心中怀有罪恶的欲望难道不是犯罪吗?这的确是犯罪,"她说,"而且是大罪,因为正直人追求公义。"

我们知道,独自漫步容易导致幻想和白日梦。赫尔玛斯大概是在前往库迈途中想到了他的女主人;在思考过程中,受到抑制的色情幻想逐渐把他的利比多拉到潜意识中。由于意识强度的减弱,他睡着了,陷入梦游或出神状态,这种状态本身其实是特别强烈的幻想,完全迷住了他的意识头脑。重要的是,他随后看到的不是色情幻想;相反,他被转移到另一片土地,在幻想中表现为穿越河流和无人区域的旅行。潜意识作为上层世界呈现在他眼前，这个世界上的事情和人们的移动与真实世界完全相同。他的女主人以"神圣"形式而不是色情幻想形式出现在他面前。在他看来，她就像天堂里的女神一样。受到抑制的色情印象激活了女神的潜在原始意象，即原型灵魂意象。色情印象在集体潜意识中显然与古代残余相统一，后者从远古时起一直保存着女性特征鲜明印象的烙印——作为母亲的女性和作为可爱少女的女性。这些印象拥有巨大力量，因为它们释放了儿童和成年男性的力量，这完全满足"神圣"属性，即无法抗拒、极为强烈的事物。这些力量被视为邪恶力量，这并非源于道德抑制，而是源于心理有机体的自我调节，后者试图通过这种表面改变对抗平衡的丧失。这是因为，面对使一个人完全受另一个人支配的势不可挡的激情力量，如果心理成功建立对抗阵地，使无限美好的客体在热情巅峰揭开偶像的面纱，使人被迫跪在圣像面前，心理就使他摆脱了客体魔法的诅咒。他再次做回自己，回到自己体内，发现自己再次处于神和人之间，遵循自己的道路和自己的律法。对于一切震撼事物的可怕恐惧萦绕在原始人心中，他会立刻感觉这些事物具有神奇性质，仿佛带有魔力。这种恐惧可以有意保护他避免最可怕的可能性，即灵魂的丧失，其必然后果是疾病和死亡。

灵魂的丧失相当于撕掉一个人的部分本性；它是情结的消失和解放，这种情结由此成为意识的专横篡夺者，对整个人产生抑制作用。它使他偏离正轨，驱使他做出必然导致自我毁灭的盲目片面行为。原始人胡作非为、暴跳如雷、魔鬼附体等现象众人皆知。对于激情邪恶性质的认识是一种有效防御，因为它会立刻消除客体最强的魔咒，将其来源归入魔鬼世界即潜意识，后者也是激情力量的实际来源。驱魔仪式的目标是找回灵魂，将其从魔咒中释放出来，它也可以使利比多有效流回潜意识。

这种机制显然在赫尔玛斯的例子中发挥了作用。罗达转变成神圣女主人，这剥夺了她引诱和毁灭力量的实际客体，将赫尔玛斯置于他自己的灵魂及其集体决定因素的掌控下。显然，由于赫尔玛斯的能力和关系，他在很大程度上参与了他那个时代的精神运动。当时，他的兄弟庇护（Pius）占据了罗马主教宝座。所以，赫尔玛斯大概有资格参与那个时代的伟大任务，其程度可能是他作为前奴隶没有意识到的。当时，任何能人都无法长期承担传播基督教的任务，除非种族障碍和独特性使他在精神转变的伟大过程中获得不同职能。外部生活条件迫使人执行社会职能。类似地，心理的集体决定因素促使他实现思想和信念的社会化。在被热情的飞镖击伤后，赫尔玛斯将可能的社交上的过失转变成对于灵魂的服务。由此，他被引导完成具有精神属性的社会任务，这在当时显然非常重要。

显然，为了适应这项任务，他的灵魂需要摧毁对于客体色情依恋的最后可能性，因为这种可能性意味着欺骗自己。通过有意识否定任何性欲，赫尔玛斯证明了对他来说，没有性欲更好，但这并不能证明他没有色情意图和幻想。所以，他的女主人即灵魂无情地揭示了他的罪恶，使他摆脱了客体对他的秘密束缚。作为"奉献容器"，她接管了即将白白浪费在她身上的热情。要想完成当时的任务，这种热情最后的遗迹需要得到清除，这需要使人摆脱感官束缚，摆脱原始神秘参与状态。对于当时的人来说，这种束缚已变得无法忍受。精神功能需要得到分化，以恢复心理平衡。通过实现"平静"做到这一点的哲学尝试大部分集中于斯多葛派学说，这些尝试由于理性主义而全部失败了。只有当一个人的理智已经是平衡器官时，它才能为人提供平衡。不过，有多少个体在历史上的哪些时期能够做到这一点呢？通常，人需要实际状态的对立面驱使他寻找中间位置。仅仅出于理智，他永远无法放弃当前局面的感官吸引力。他必须将永恒快乐与暂时的权力和快乐相比较，将精神愉悦与感官热情相比较。前者不可抗拒的力量必须与后者无法否认的现实相匹配。

通过洞察性欲的实际存在，赫尔玛斯得以承认这种形而上学现实。之前附着在具体客体上的感官利比多现在进入了他的灵魂意象，使它具有了客体之前独占的现实。所以，他的灵魂可以通过言语取得良好效果，成功执行她的要求。

在他与罗达对话后，罗达的形象消失了，天堂关闭了。取代她的是"穿着闪亮衣服的老妇人"，她告诉赫尔玛斯，他的性欲是对圣灵的罪恶的愚蠢反抗，但上帝没有为此对他特别愤怒，因为他容忍了家人的罪恶。通过这种巧妙方式，利比多彻底离开了性欲，瞬间指向了社会任务。特别精妙的是，灵魂放弃了罗达形象，以老妇人的形象出现，从而使性欲元素退到背景中。赫尔玛斯后来得知，这个老妇人就是教会；具体和个人化为抽象，这种思想获得了它从未拥有过的真实性。接着，老妇人向他阅读了攻击异教徒和叛教者的神秘书籍，但他无法理解它的具体含义。我们随后得知，这本书提出了一项任务。所以，他的女主人向他提出了任务。作为她的骑士，他保证完成任务。品德的考验没有缺席，因为不久以后，老妇人在赫尔玛斯的幻象中重新出现，承诺在大约五个小时后返回，以解释启示。于是，赫尔玛斯前往野外，来到指定地点，发现了一张象牙床，上面还有枕头和细麻布床单。

看到这些东西摆在那里，我大为吃惊，打了一个寒颤，头发竖立起来，感到非常恐惧，因为我在那里孤身一人。等我回过神来，我想到上帝的荣耀，恢复了勇气；我跪下来，再次向上帝承认我的罪恶，就像之前那样。接着，她带着我之前见过的六个年轻人走近，站在我身旁，听我向上帝祈祷并承认我的罪恶。她抚摸我，说："赫尔玛斯，结束你的所有祈祷和对罪恶的重复吧。你也要祈求正义，你也许能把一些正义带回家。"她用手把我拉起来，领我来到床边，对年轻人说："去建造吧！"年轻人走了，只剩下我们。她对我说："你在这里坐下！"我对她说："夫人，长者优先。"她说："听我的话，坐下来。"不过，当我准备坐在她右边时，她用手示意我坐在她左边。

我因此而困惑，因为我无法坐在右边。这时，她对我说："你为什么伤心呢，赫尔玛斯？已经令上帝满意、为了名分而受苦的人才能坐在右边。你还缺少许多资格，不能和他们坐在一起。如果你像之前那样保持单纯，那么你一定可以和他们坐在一起，所有完成了他们完成的工作、忍受了他们忍受的痛苦的人也可以和他们坐在一起。"①

在这种情况下,赫尔玛斯很容易屈服于色情误解。这个地点拥有幽会地点的感觉,位于"美丽僻静的地方",就像赫尔玛斯说的那样。那张昂贵的床必然使人联想到爱洛斯(Eros)。所以,赫尔玛斯看到床时感到的恐惧是可以理解的。显然,他必须努力对抗这些色情联想,以免落入远离圣洁的心绪中。他似乎没有认识到真正的诱惑,除非它隐含在他对恐惧的描述中。当时的人比现在的人更容易拥有这种诚实性,因为在那个时代,人们与自己本性的接触比现在更紧密,因此可以直接感受到并承认他们的自然反应。对于赫尔玛斯,他的认罪完全可能是邪恶感官引发的。不管怎样,接下来,他坐在左边还是右边的问题导致了来自女主人的道德谴责。这是因为,虽然来自左边的标志在罗马占卜中被认为有利,但对希腊人和罗马人来说,左侧大体上是不吉利的,就像"罪恶"一词的双重含义显示的那样。不过,这里

---

① 参考《牧人书》,pp. 27ff.。

提出的左右问题与大众迷信无关,显然来自《圣经》,与《马太福音》(25: 33)有关:"把绵羊安置在右边,山羊在左边。"老实温顺的绵羊是善良的象征,任性好色的山羊是邪恶的象征。赫尔玛斯的女主人让他坐在左边,从而向他巧妙透露了她对他心理的理解。

就像赫尔玛斯说的那样,当他非常悲伤地坐在她左边时,他的女主人向他展示了幻象,这种幻象在他眼前自动展开。他看到,年轻人在其他一万人的帮助下建造了一座高塔,塔上的石头排列得严丝合缝。根据赫尔玛斯的理解,这座坚不可摧的无缝高塔象征了教会。他的女主人是教会,塔也是。我们已经在《洛雷托连祷文》中看到,圣母玛利亚被称为"大卫之塔"和"象牙之塔"。这里似乎做出了相同或类似的关联。塔显然拥有坚固安全的含义,如《诗篇》(61:4)所说:"因为你作过我的避难所,作过我的坚固台,脱离仇敌。"与巴别塔的任何相似性都会涉及强烈内心矛盾,必须得到排除,但它仍然会得到反映,因为和那个时代其他所有有思想的人类似,赫尔玛斯一定由于早期教会令人沮丧的持续分裂和异端纷争而备受煎熬。这种印象甚至可能是他写下这些自白的主要原因，这一推测可以得到下面这个事实的支持：女主人向他阅读的神秘书籍痛斥异教徒和叛教者。使巴别塔建造失败的口音混乱问题几乎完全主导了最初几个世纪的教会。为此，信徒需要拼命排除混乱。由于当时的基督教世界远非一位牧者管理的一个羊群，因此赫尔玛斯自然渴望"牧人"和某种坚固稳定结构，即"塔"，将来自四面八方的元素统一成一个不可侵犯的整体。

世俗欲望、各种形式的纵欲、对世上诱惑的依恋以及心理能量在世界各种事物上的持续消散是连贯和有目的的态度发展的主要障碍。所以，这个障碍的排除一定是当时最重要的任务之一。所以，在赫尔玛斯的《牧人书》中，对这项任务的掌握在我们眼前展开，这并不令人吃惊。我们已经看到，原始色情刺激及其释放的能量被引导到潜意识情结的人格化中，成为老妇人埃克莱西亚（Ecclesia）的形象，她在幻象中的出现表明了底层情结的自发性。不过，我们知道，老妇人现在转变成了塔，因为塔也是教会。这种转变很意外，因为塔和老妇人之间的联系并不明显。不过，《洛雷托连祷文》中圣母玛利亚的属性会使我们走上正轨，因为我们说过，我们在那里找到了与圣母玛利亚相联系的塔。这种属性来自《雅歌》（4:4）："你的颈项好像大卫建造收藏军器的高台，"还有《雅歌》（7:4）："你的颈项如象牙台。"还有《雅歌》（8:10）："我是墙，我两乳像其上的楼。"

我们知道，《雅歌》最初是爱情诗，也许是婚礼之歌，就连犹太学者也迟迟不愿将其看作正经。不过，神秘解释总是喜欢将新娘看作以色列，将新郎看作耶和华，这种解释背后的合理本能甚至会将性欲转变成上帝和选民之间的关系。基督教出于同样的理由将《雅歌》列为正经，将新郎解释成基督，将新娘解释成教会。对中世纪的心理来说，这种类比极具吸引力，引发了基督教神秘主义者非常大胆的基督色情描写，马格德堡的梅克赫提尔德（Mechtild）提供了这方面的一些最佳案例。《洛雷托连祷文》就是以这种精神构想出来的。它从《雅歌》直接继承了圣母玛利亚的一些属性,比如塔的象征。即使在希腊教父时代,玫瑰也被看作她的属性之一,还有百合,它也出现在《雅歌》(2:1)中:"我是沙仑的玫瑰花,是谷中的百合花。"中世纪赞美诗经常使用的意象有"封闭花园"和"封闭泉源"。〔《雅歌》(4:12):"我妹子,我新妇,乃是关锁的园,禁闭的井,封闭的泉源。"〕这些意象的鲜明色情性质被教父们明确接受。例如,圣安波罗修(St. Ambrose)将"封闭花园"解释成童贞。① 类似地,他将玛利亚比作承载摩西的芦苇箱:

> 芦苇箱指圣母玛利亚。摩西的母亲准备了芦苇箱,将摩西放在里面,因为上帝的智慧即上帝之子选择祝福圣母玛利亚,在她的子宫中形成一个人,他可以和这个人联合成一个人。②

圣安波罗修将玛利亚比作新房(这常常被后世作家使用),这仍然具有明确的解剖学意

---

① 《*De institutione virginis*》, cap. 9(米涅,拉丁语系列,卷16, col. 321)。

② 《*Expositio beati Ambrosii Episcopi super Apocalypsin*》, Visio 111, Cap. 6, 第38页。

义:"他为自己选择了简朴的新房,新郎在此与新娘结合。"还有:"他从新房出来,即从处女子宫出来。"①

所以,当圣安波罗修证实圣奥古斯丁(St. Augustine)的说法时,你可以确定将容器看作子宫的解释:"他为自己选择的这个容器不是属地的,而是属天的,他将由此下凡,使羞耻庙宇神圣化。"②"容器"这一名称在希腊教父那里并不罕见。它大概仍然引用了《雅歌》的典故。虽然"容器"没有出现在拉丁文《圣经》中,但我们可以找到圆杯和饮酒的意象(7:2):"你的肚脐如圆杯,不缺调和的酒。你的腰如一束麦子,周围有百合花。"第一句话的含义与《科尔马尔名曲手稿》类似,后者将玛利亚比作寡妇的油罐(《列王纪上》17:9ff.):"……西顿的撒勒法,以利亚被派到那里,那里的一个寡妇会供养他;我

---

① 《布道》(*Sermo*),192〔米涅(Migne),拉丁语系列,卷38,col. 1013〕。

② 《*De institutione virginis*》,cap. 5(米涅,拉丁语系列,卷16,col. 313)。

的身体和她的身体很相称,因为上帝派先知临到我,改变我们的饥荒。"① 关于第二句话,圣安波罗修说:"恩典在少女的子宫里增长,像成堆的小麦和百合花,甚至长出了麦粒和百合种子。"② 天主教文献③ 非常牵强地将某些段落看作这种容器象征,比如《雅歌》(1:1):"愿他用口与我亲嘴,因你的爱情比酒更美。"还有《出埃及记》(16:33):"你拿一个罐子,盛满俄梅珥吗哪,存在耶和华面前,要留到世世代代。"

这些联系非常矫揉造作,反而不利于证明容器符号的圣经来源。另一个支持圣经外来源的事实是,中世纪玛利亚赞美诗的意象拥有各种不成规制的来源,一切具有某种宝贵特征的事物都会与她建立联系。容器符号非常古老,来自三至四世纪,这并不能否定它的世俗来源,因为就连教父也有使用非圣经异教意象的弱点。例如,德尔图良

---

① 巴尔奇(Bartsch)编辑,第216页。
② 《De institutione virginis》,cap. 14(米涅,拉丁语系列,卷16, col. 327)。
③ 比如萨尔泽(Salzer),《Sinnbilder und Beiworte Mariens》。

（Tertullian）[1]、奥古斯丁[2]等人将圣母玛利亚比作纯洁的土地和没有犁过的田地，这与神话中的戈莱（Kore）并非没有联系。[3]这种比喻基于异教模型。例如，屈蒙（Cumont）指出，以利亚在中世纪早期插画手稿中的升天与密特拉原型关系密切。教会在许多仪式中模仿异教，特别是将基督的诞生与无敌太阳的诞生等同起来。圣哲罗姆（St. Jerome）将圣母玛利亚比作太阳，将其看作光之母。

这些非圣经比喻只能来自当时仍然存在的异教概念。所以，在考虑容器符号时，你应该想到著名且广泛传播的诺斯替派容器符号。那个时期流传下来的许多雕刻宝石带有水罐符号和带有翅膀的带子，这非常引人注目，使人立刻想到子宫及其阔韧带。这个容器被称为"罪恶之瓶"[4]，这

---

[1] 《反犹太人》，XIII（米涅，拉丁语系列，卷2，col. 635）："那片处女地还没有被雨水浇灌。"

[2] 《布道》，189，II（米涅，拉丁语系列，卷38，col. 1006）："真理来自尘世，因为基督由处女所生。"

[3] 参考荣格，《戈莱的心理分析》。

[4] 雅克·马特（Jacques Matter），《诺斯替派历史批评》。〔引自金（King），《诺斯替派及其遗迹》，第111页。〕

与将圣母玛利亚赞美为"美德容器"的颂歌形成了对比。金[1]认为上述解释具有武断性，他赞同科勒（Kohler）的说法，即浮雕形象（主要来自埃及）是指水车上的罐子，用于从尼罗河取水灌溉田地；这也可以解释奇特的带子，它们显然是用来把罐子绑在水车上的。正如金所说，水罐的孕育功能被表述为"伊西斯（Isis）通过奥西里斯（Osiris）精子的受孕"。容器上经常有簸箕，大概是指"伊阿科斯（Iakchos）的神秘簸箕"，即麦粒的比喻性诞生地，象征丰饶。[2]在过去的希腊婚礼上，新娘头上常常放着一只装有水果的簸箕，这显然是生育的符咒。

这种容器解释得到了古埃及观念的支持，后者认为，万物来自原始之水努（Nu）或努特（Nut），他也被等同于尼罗河或海洋。努的写法是三只罐子、三个水符号和天堂符号。一首赞美普塔－滕宁（Ptah-Tenen）的颂歌写道："创造者啊，谷物以老者努的名义从他诞生，努为天堂之

---

[1] 金,《诺斯替派及其遗迹》, 第111页。
[2] 《转变的符号》, pars. 528ff.。

水赋予生育力量,使水降在山上,为男人和女人赋予生命。"[1] 沃利斯·巴奇(Wallis Budge)告诉我,在埃及今天的南方腹地,子宫象征以雨水和生育符咒的形式存在。丛林土著人有时会杀死一个女人,取出她的子宫,在巫术仪式上使用。[2]

虽然教父们抵制诺斯替派思想,但他们还是受到了这些异端的强烈影响。[3] 所以,我们可以想到,容器符号拥有适应基督教的异教遗迹。考虑到圣母玛利亚崇拜本身就是异教遗迹,为基督教会保留了玛格那玛特(Magna Mater)、伊西斯和其他母神的遗产,这种可能性就更大了。智慧之器意象也可以使人想起它的诺斯替原型索菲亚(Sophia)。

所以,基督教官方吸收了某些诺斯替派元素,它们表现在女性崇拜中,在得到强化的圣母玛利亚崇拜中为自己找到了位置。我从许多同样有趣的素材中选择了《洛雷托长祷文》,作为这种同化过程的例子。基督教符号对于这些元素的同化将

---

[1] 巴奇(Budge),《埃及众神》,I,第511页。
[2] 塔尔博特(Talbot),《在丛林阴影中》,pp. 67, 74ff.。
[3] 荣格,《永恒纪元》,第五章和第十三章。

人的心理文化扼杀在萌芽中；因为他之前体现在天选女主人意象中的灵魂由于这种吸收而失去了个体表达形式。所以，灵魂个体分化的一切可能性都消失了，它在集体崇拜中受到抑制。这种损失通常拥有不幸后果。在这里，人们很快感受到了后果。由于与女性的心理联系表现在圣母玛利亚集体崇拜中，因此女性意象失去了人类天生有权拥有的价值。这种价值只能通过个体选择得到自然表达。当个体表达形式被集体表达形式取代时，它沉入了潜意识。在潜意识中，女性意象被赋予能量，激活了古代和婴儿期要素。一切潜意识内容在被分离利比多激活时都会投射到外部客体上，因此真实女性的贬值被邪恶特征补偿。她不再表现为爱的客体，而是表现为迫害者或女巫。圣母玛利亚崇拜加强的后果是猎杀女巫运动，这是中世纪后期无法抹去的污点。

这不是惟一后果。宝贵的进步趋势的分裂和抑制导致了非常普遍的潜意识激活。这种激活在集体基督教符号中找不到令人满意的表达，因为恰当的表达总是具有个体形式。这为异端和分裂铺平了道路。对此，基督教意识的惟一防御就是狂热。宗教裁判所流露出的疯狂恐怖是过度补偿的怀疑导致的，这种怀疑来自潜意识，最终导致了教会最大的分裂——宗教改革。

  读者可能觉得，我论述容器符号的篇幅有点长。不过，我有明确的理由，因为我想说明女性崇拜和圣杯传说的心理联系。圣杯传说是中世纪早期非常重要的特征。这个传说有许多版本，其核心宗教思想是神圣容器。所有人都能看出，它完全是非基督教意象，其来源可以在正经以外的文献中找到。① 根据我引用的文献，我觉得它是诺斯替底派的真正遗迹，由于秘密传统而在清除异端过程中得到保留，或者由于对官方基督教主导地位的潜意识反抗而得到复兴。容器符号的幸存

---

  ① 容器符号来自异教的另一个证据是凯尔特神话中的"神锅"。达格达（Dagda）是古爱尔兰的一个善良天神，他有这样一口锅。他根据他的需要或美德为所有人提供食物。凯尔特神布兰（Bran）也有一口更新之锅。有人甚至指出，圣杯传说中的人物布龙斯（Brons）的名字来自布兰。阿尔弗雷德·纳特（Alfred Nutt）认为，锅的主人布兰和布龙斯对应于凯尔特佩雷德传奇转变成圣杯故事的不同阶段。所以，圣杯主题似乎已经存在于凯尔特神话中。这些信息是伦敦的莫里斯·尼科尔医生（Maurice Nicoll）向我提供的。

或潜意识复兴暗示了当时男性心理中女性本原的强化。它被符号化为神秘意象，你必须将其解释成被女性崇拜唤醒的性欲的精神化。不过，精神化总是意味着一定量利比多的保留。如果没有精神化，它们会立刻在性行为中被浪费掉。经验表明，当利比多得到保留时，部分利比多会流入精神化表达，其余利比多会沉入潜意识，激活对应的意象，这里是容器符号。这个符号经历了对于某些利比多形式的限制，反过来又限制了这些形式。这个符号的分解意味着利比多沿着直线路径的流走，或者几乎无法抵挡的直接使用冲动。不过，有生命的符号可以驱除这种危险。当符号的分解倾向被发现时，它会立刻失去魔力，或者说救赎力量。要想做到有效，符号本身必须无懈可击。它必须是对于主流世界观的最佳表达和无与伦比的意义承载者；它还必须拥有足够的理解难度，以对抗重要知识分子分解它的一切企图；最后，它的美学形式必须非常强烈地吸引我们的感觉，在这方面，它不能被人挑出瑕疵。在一段时间里，圣杯符号显然满足这些要求，这源于它的生命力。瓦格纳的例子表明，它的生命力在今天仍然没有耗尽，尽管我们的时代和心理分解它的努力从未停止。

现在，让我们对这段比较长的讨论进行总结，看看我们有什么收获。我们首先讨论了赫尔玛斯的幻象，他看到了人们建造的塔。起初宣称自己是教会的老妇人此时解释说，塔是教会符号。于是，她的意义转移到了塔身上，《牧人书》后面的内容全都与此有关。对赫尔玛斯来说，只有塔才是重要的，老妇人已经不重要了，更不要说罗达了。利比多离开真实客体，集中到符号上面，并被引导到符号功能之中。没有缝隙、坚不可摧的塔符号表现了普遍存在、不可分割的教会思想，它在赫尔玛斯心中变成了不可动摇的现实。利比多从客体的分离将它转移到主体。在那里，它激活了在潜意识中休眠的意象。这些意象是古代表达形式，变成了符号，它们又表现为贬值客体的等价物。这一过程和人类一样古老，因为符号既存在于史前人类遗迹中，又存在于今天最原始的人类群体中。所以，符号的形成显然是极为重要

第一章 诗歌中的类型问题

的生物学功能。由于符号只能通过客体的贬值而复活，因此它的目的显然是剥夺客体的价值。如果客体拥有绝对价值，它就会成为主体的绝对决定因素，完全消除他的行动自由，因为就连相对自由也无法与客体的绝对决心共存。与客体的绝对关系等同于意识过程的完全外化；它相当于使一切认知失去可能性的主体和客体的等同。这种状态今天仍然以比较温和的形式存在于原始人中。我们在实际分析中经常遇到的投影只是这种主体和客体初始等同的遗迹而已。

这种状态导致的认知和意识经历的消除意味着适应能力的极大损伤，这对人非常不利，因为人在幼年时期的自然无防御性和无助性已经为他带来了缺陷。它也在情感领域带来了危险的劣势，因为对客体的认同感意味着任何客体都可能对主体造成任何影响，而且意味着主体的任何影响都会立刻包括和违反客体。一个布希曼人生活中的意外可以说明这一点。这个布希曼人有一个小儿子，他爱他的儿子，这是原始人特有的温柔的猴子式的爱。在心理学上，这种爱完全是自我安慰式的——也就是说，主体喜爱客体身上的自己。客体充当了某种情欲镜像。一天，布希曼人在钓鱼时一无所获，非常愤怒地回到家。和平常一样，小家伙跑出来迎接他，但他抓住儿子，当场扭断了他的脖子。之后，他当然为死去的孩子哀悼，这种哀悼带有轻率的任性，正如他打死儿子时是轻率任性的。

这是客体等同于暂时情感的优秀案例。显然，这种心态对于任何保护性的部落组织和物种繁衍都是不利的，因此必须得到抑制和转变。这就是符号的作用，符号因此而产生。它将利比多从客体身上移开，使客体贬值，将多余利比多给予主体。这种过剩作用于潜意识，使主体置身于内部和外部决定因素之间，这导致了选择和相对主观自由的可能性。

符号总是来自古代残留，来自种族的记忆印迹。你可以对这些印迹的年代和起源做出许多猜测，但你无法得出任何明确结论。你不应该认为，符号来自个体，比如来自受压抑的性欲。这种抑制最多只能提供激活古代记忆印迹所需要的利比多。不过，记忆印迹对应于遗传功能模式，后者不是来自千百年的性压抑，而是来自一般性的本能分化。本能分化过去和现在都是生物学需要；它不是人类特有的，例如其也会出现在工蜂的性衰退中。

我用容器符号来说明符号是怎样源于古代概念的。我们发现，原始子宫概念是这个符号的根源。我们也可以对塔的来源进行类似的猜测。塔很可能属于符号历史中大量存在的阴茎类符号。塔大概象征勃起。赫尔玛斯看到诱人的床，需要抑制他的色情幻想，而塔正是在此时出现的，这并不令人吃惊。我们看到，圣母玛利亚和教会的其他符号属性显然具有色情来源，因为它们来自《雅歌》，教父也对它们做出了这种明确解释。《洛雷托连祷文》中的塔符号拥有相同来源，所以可能拥有类似的基本含义。"象牙"属性显然具有色情来源，因为它暗示了皮肤的色彩和纹理。〔《雅歌》(5:14)："他的身体如同雕刻的象牙。"〕不过，塔本身也出现在《雅歌》(8:10)明确具有色情特征的文本中："我是墙，我两乳像其上的楼。"

这显然是指坚挺而有弹性的乳房。"他的腿好像白玉石柱"（5:15）；"你的颈项如象牙台"（7:4）；"你的鼻子仿佛朝大马色的黎巴嫩塔"（7:4）同样明显暗示了纤细突出的事物。这些属性源于触感，从器官转移到了客体身上。忧郁的情绪似乎是灰色的，快乐的情绪似乎是明亮而多彩的。类似地，触感也会受到主观性感觉的影响（这里是勃起感觉），其性质被转移到客体身上。《雅歌》的色情心理用主体感受到的意象提升客体的价值。基督教会心理用同样的意象将利比多导向比喻性客体，赫尔玛斯心理将潜意识激活的意象提升为目的本身，用它体现对于当时的人极为重要的思想，即刚刚获胜的基督教态度和世界观的巩固和组织。

b. 梅斯特·埃克哈特（Meister Eckhart）的上帝概念相对性

赫尔玛斯经历的小规模转变过程代表了中世纪早期心理的大规模转变：女性的新启示和圣杯女性符号的发展。赫尔玛斯从新的角度看待罗达，由此释放的利比多在他手中转变成了社会任务的实现。

我想，我们在新时代起点找到了注定要对年

轻一代的心灵和头脑产生巨大影响的两位人物，这是我们的心理特征。这两位人物分别是瓦格纳和尼采。瓦格纳是爱的先知，他的音乐体现了所有感情，从特里斯坦（Tristan）下降到乱伦之爱，然后从特里斯坦再次向上，抵达帕西法尔的崇高灵性。尼采是权力和个人胜利意志的先知。瓦格纳最后、最崇高的话语可以追溯到圣杯传说，正如歌德可以追溯到但丁，但尼采捕捉到了主人阶级和主人道德思想，这一思想体现在中世纪许多金发英雄和骑士身上。瓦格纳打破了束缚爱情的枷锁，尼采击碎了阻碍个性的"价值表格"。二人追求类似的目标，同时制造了无法弥补的纷争；因为在有爱的地方，权力无法获胜；在权力获胜的地方，爱无法掌权。

德国最伟大的三位思想家在最重要的作品中盯上了中世纪早期心理。在我看来，这说明那个时代留下的问题目前仍然没有得到解答。所以，我也许应该更加详细地考察这个问题。我的印象是，启发了骑士团的诞生（比如圣殿骑士团）、在圣杯传说中似乎也得到表达的神秘事物可能是人生新取向即初生符号的萌芽。圣杯符号的非基督教或诺斯替派性质使我们回到了早期基督教异端，这些萌芽点隐藏着许多大胆而光辉的思想。在诺斯替主义中，我们看到了人类繁盛的潜意识心理，它华丽得甚至有些任性；它含有最强烈反抗信仰准则的事物，即普罗米修斯式创造精神，它只臣服于个体灵魂，绝不臣服于集体统治。我们在诺斯替主义中以原始形式看到了随后几个世纪缺乏的事物：对于个体启示和个体知识效力的信仰。这种信仰根植于人与神相似的自豪感觉中，不受人类律法的束缚，而且极为强大，甚至可以通过纯粹的灵知力量征服众神。灵知开启的道路通往德国神秘主义直觉，它在心理上极为重要，在我们讨论的时期进一步繁盛。

我们现在面对的问题把我们的注意力引向那个时代最伟大的思想家梅斯特·埃克哈特。新方向的迹象在骑士制度中非常明显。类似地，我们在埃克哈特那里看到了新思想，其心理方向曾促使但丁追逐贝阿特丽切的意象，进入潜意识的地下世界，也曾启发歌者唱出圣杯传说。

遗憾的是，我们对埃克哈特的个人生活一无所知，无法解释他是怎样认识灵魂的。他在关于忏悔的论述中说："直到今天，人们往往只有在迷路之后才会发现伟大事物。"[①] 从这种冥想氛围来看，他的写作可能源于个人经历。和基督教罪恶感相比，埃克哈特与上帝存在的内在相似性的感觉具有奇特的吸引力。我们感觉自己回到了《奥义书》的广阔氛围中。埃克哈特一定经历了很不寻常的灵魂（即内在自我）价值提升，这使他得到了上帝及其与人关系的纯心理相对概念。在我看来，在对宗教现象获得心理理解的过程中，这种对于上帝与人和灵魂相对性的发现和痛苦阐述是最重要的里程碑之一，同时也可以使宗教功能不再限制智力批评。当然，你不能否认这种批评的权利。

现在，我们说到了本章主题——符号的相对性。根据我的理解，"上帝的相对性"这一观点不是将上帝看作"绝对"，即与人完全断绝关系，存在于一切人类状态之外，而是认为上帝在某种意

---

① 参考埃文斯（Evans），《梅斯特·埃克哈特》，II，第19页。

义上依赖于人；它还暗示了人和上帝的相互重要关系，将人理解成上帝的一项功能，将上帝理解成人的一项心理功能。从分析心理学的经验角度看，上帝意象是特定心理状态或功能的符号表达，其特征是它对主体意志的绝对支配，因此它可以造成或实施意识努力永远无法做到的行为和成就。这种强烈的行动动力（就上帝功能在行为中显现而言）或者超越意识理解的灵感源于能量在潜意识中的积累。积累的利比多激活了在集体潜意识中休眠的意象，包括上帝意象，这些记忆印迹从远古时起，一直是在潜意识中的利比多集中对意识头脑造成的最强大影响的集体表达。

　　作为一门科学，心理学必须将自己限制在由认知限制的经验数据范围内。对于心理学，上帝甚至不是相对的，而是潜意识功能——是激活上帝意象的利比多分离量子的表现形式。从形而上学角度看，上帝当然是绝对的，是独立存在的。这意味着它完全超脱了潜意识。在心理学上，这意味着这种观点完全没有意识到，上帝的行为源于一个人的内在自我。另一方面，上帝的相对性意味着很大一部分潜意识过程至少被间接看作心理内容。自然，只有当你超乎寻常地关注心理时，你才能获得这种洞见，其结果是，投射到客体的潜意识内容被收回，被赋予意识属性，使之看上去属于主体，受主观影响。

这就是神秘主义者的经历，尽管这不是上帝相对性思想的首次出现。它存在于原始人的原则和事物本质中。在几乎所有地点，在较低的人类层次上，上帝思想都有纯动态性质；上帝是神圣力量，是与健康、灵魂、医疗、财富、酋长有关的力量，可以被某些程序捕捉，用于制造人们生存发展所需要的事物，也可以制造神奇或邪恶的效果。原始人感觉这种力量既位于体内，又位于体外；它既是他自己的生命力，又是护身符中的"魔力"，或者酋长发出的神力。在这里，我们看到了无所不在的精神力量的第一个明显概念。在心理学上，偶像的效力或巫师的威望是这些客体的潜意识主观评价。它们的力量取决于主体潜意识中的利比多。主体感觉它在客体身上，因为每当潜意识内容被激活时，它们都会表现为投影。

所以，中世纪神秘主义中的上帝相对性是对原始状态的回归。与之相比，个体和超个体阿特曼的类似东方概念不是对于原始人的回归，而是基于原始人的典型的东方式持续发展，但它成功保留了原始原则的效力。对于原始人的回归并不令人吃惊，因为所有重要宗教形式都会把某种原始倾向纳入到它的仪式或道德中，以保留那些有利于在宗教过程中改善人性的秘密本能力量。这种对于原始人的回归在印度表现为与原始人的不间断联系，它使人与大地母亲保持接触，后者是一切力量的主要来源。从理性或道德的有利分化视角来看，这些本能力量是"不洁的"。不过，生命本身的源头既清澈又混浊。所以，一切过度"纯净"都缺少活力。对于清澈和分化的持续追求意味着生命强度的相应丧失，这恰恰是因为混浊元素被排除了。所有生命更新既需要清澈，又需要混浊。伟大的相对主义者梅斯特·埃克哈特显然感受到了这一点，他说：

因此，上帝愿意承担大部分罪恶，常常对其

视而不见，主要把它们分给注定要经历伟大事情的人。看哪！谁比使徒更亲近我们的主呢？他们全都犯了死罪，都是犯罪的凡人。在《旧约》和《新约》中，他证明了事后对他最为亲近的人也会犯罪。直到今天，人们往往只有在迷路之后才会发现伟大事物。①

由于他的心理敏锐性，由于他的深刻宗教感情和思想，梅斯特·埃克哈特是十三世纪末开始的重要教会运动中最杰出的倡导者。我想引用他的一些言论，以展示他的上帝相对概念：

因为人其实是上帝，上帝其实是人。②

有的人内心没有上帝，必须通过各种途径从外部某个事物中抓取上帝，他在各种作品、人物或地点对于上帝的寻求都是徒劳的；这种人并不拥有上帝，很容易受到某件事情的困扰。困扰他的不只是邪恶的陪伴，还有善良，不只是街道，

---

① 参考埃文斯，第18、19页。
② 参考埃文斯，I，第188页。

还有教会，不只是恶言恶行，还有善言善行。阻碍在他内心，因为上帝还没有在他心中成为世界。如果上帝在他心中成为世界，他在任何地方和任何人在一起都会其乐融融，总是拥有上帝。[1]

这段话对于心理学特别重要，因为它对于上述原始上帝思想做出了某种示范。"从外部抓取上帝"等同于可以从外部获取通迪（Tondi）[2]的原始观念。对埃克哈特来说，这可能只是一种语言修辞，但它的原始含义还是得到了透露。不管怎样，埃克哈特显然将上帝看作心理价值。"很容易受到某件事情的困扰"证明了这一点。这是因为，当上帝在外部时，他一定会被投射到客体，其结果是，一切客体都会获得剩余价值。此时，客体总会对主体产生强烈影响，使他处于盲目依赖之中。埃克哈特显然是指这种对于客体的服从，这使世界表现为上帝角色，即绝对决定因素。所以，

---

[1] 参考埃文斯，II，第8页。
[2] 通迪是巴塔克人的利比多概念。参考瓦内克，《巴塔克人的宗教》。通迪是神奇力量，万物围绕它旋转。

他说，对于这种人，"上帝还没有成为世界"，因为对他来说，世界取代了上帝的位置。主体没有成功使剩余价值摆脱客体并内倾，将其转变成内心财产。如果他心中拥有这种价值，他就会将上帝（同样的价值）持续当作客体，上帝就会成为世界。埃克哈特在同一段写道：

> 感觉正确的人在任何地点和任何人身边都是正确的，错误的人在任何地点和任何人在一起都找不到正确的事情，因为感觉正确的人与上帝同在。[1]

拥有这种价值的人在哪里都很自在；他不依赖于客体——永远不需要也不希望从客体获得他本人缺少的事物。

这些论述足以表明，对埃克哈特来说，上帝是心理状态。准确地说，是心理动力状态。

> ……我们通过上帝之国理解灵魂，因为灵魂

---

[1] 参考埃文斯，II，第7页。

和神格性质相似。所以，这里关于上帝之国的说法和关于上帝本人是国的说法同样适用于灵魂。圣约翰（St. John）说，"万物都是他造的"。这应该理解成灵魂，因为灵魂是万物。灵魂是万物，因为她是上帝的形象，因此也是上帝之国……一位大师说，上帝在很大程度上存在于灵魂中，他的整个神性取决于她。上帝在灵魂中的状态高于灵魂在上帝中的状态。灵魂不是因为在上帝中而喜悦，而是因为上帝在她里面而喜悦。放心吧，在灵魂中的上帝是喜悦的。[①]

灵魂概念拥有许多角度，获得了大量解释。从历史上看，它是指在意识范围内必然拥有一定自主性的心理内容。如果不是这样，人永远无法想到为灵魂赋予独立存在性，仿佛它是某种可以客观感知的事物。它一定是拥有内在自发性、因此也有部分潜意识的内容，就像所有自主情结那样。我们知道，原始人通常拥有许多灵魂——许多拥有高度自发性的自主情结，它们表现为拥有

---

① 参考埃文斯，I，第270页。

独立存在性（就像某些精神障碍那样）。文明水平越高，灵魂数量就越少。在最高文化水平上，灵魂分解成主体对于心理活动的一般意识，仅仅作为心理过程总体的称谓存在。这种灵魂被意识吸收的过程既是西方文化特征，也是东方文化特征。在佛教中，一切都分解到意识中；就连行蕴（samskaras）即潜意识构成力量也必须通过虔诚的自我发展得到转化。

与灵魂思想的这种历史演化相比，分析心理学反对灵魂与心理功能总体不一致的观点。我们一方面将灵魂定义为与潜意识的关系，另一方面将灵魂定义为潜意识内容的人格化。从文明视角看，潜意识内容的人格化仍然存在的现象似乎令人震惊，正如拥有分化意识的人可能会为仍然在潜意识中的内容而哀悼。不过，由于分析心理学关注人们现在的情况，而不是未来的情况，因此我们必须承认，促使原始人谈到"灵魂"的现象仍然在发生，正如文明国家仍然有无数人相信鬼魂。我们可以尽量相信"自我统一性"学说，这种学说认为自主情结并不存在，但自然本身丝毫不关心我们的抽象理论。

根据我们之前的定义，如果"灵魂"是潜意识内容的人格化，那么上帝也是潜意识内容。只要我们认为上帝具有个人属性，他就是一种人格化；只要我们认为上帝具有动态属性，他就是某种事物的意象或表达。在被看作潜意识内容的人格化时，上帝和灵魂本质上是相同的。所以，梅斯特·埃克哈特的观点是纯心理学的。他说，只要灵魂只在上帝中，她就不喜悦。如果你将"喜悦"理解成生命力很强的状态，那么根据前面引用的段落，只要动态本原"上帝"即利比多被投射到客体，这种状态就不会存在。这是因为，只要作为最高价值的上帝不在灵魂中，它就在外部的某个地方。你必须将上帝撤离客体，使之进入灵魂，这是上帝本人"喜悦"的"高级状态"。在心理学上，这意味着当投入上帝的利比多即投射出去的剩余价值被看作投影时[①]，客体失去了强烈

---

① "将某件事情看成投影"永远不应该理解成纯智力的过程。只有投影的分解时机成熟时，智力思想才会将其分解。时机不成熟时，你无法通过智力判断或意志行为将利比多从它那里收回来。

意义，剩余价值因此积累到个体身上，导致强烈的生命力感受，即新的潜能。接着，上帝作为最强烈的生命住在灵魂里，住在潜意识里。这并不意味着上帝完全变成了潜意识，即他的一切思想从意识中消失了。至高价值似乎转移到了其他地方，现在存在于内部而非外部。客体不再是自主因素，上帝变成了自主心理情结。不过，自主情结永远只是拥有部分意识，因为它只是有限地与自我相联系，永远无法达到自我完全理解它的程度，否则它就不再自主了。所以，决定因素不再是被高估的客体，而是潜意识。此时，你会感觉决定性影响来自内心，这种感觉导致了存在一体性，导致了意识和潜意识的联系，这种联系当然是由潜意识支配的。

我们现在必须思考一个问题：这种"喜悦"感觉和爱的陶醉从何而来？[①] 在这种类似婆罗门的阿难陀状态中，至高价值位于潜意识中，意识潜能出现了下降，潜意识成为决定因素，自我几

---

① 《能量是永恒快乐》：布莱克（Blake），《天堂和地狱的婚姻》，《作品全集》〔凯恩斯（Keynes）编辑〕，第149页。

乎完全消失了。这种状态一方面与儿童的状态非常类似，另一方面与原始人的状态非常类似，后者也会受到潜意识最大程度的影响。我们可以确定，早期极乐状态的恢复是这种极乐的原因。不过，我们还需要弄清这种原始状态具有这种独特快乐的原因。极乐感觉伴随着你感觉被生活潮流裹挟的时刻，伴随着被拦住的水流可以自由流走的时刻，伴随着不需要为了找到出路或实现某种结果而刻意努力去做某件事情的时刻。我们都知道，在一些局面或情绪中，"事情可以自动运转"，我们不再需要为我们的喜悦或快乐制造各种令人厌倦的条件。童年时期是这种快乐的难忘象征，这些不受外物打扰的快乐以温暖的洪流从内心倾泻而出。所以，"童稚"是"极乐"所依赖的这种独特内心状态的象征。像孩子一样意味着拥有可以不断流出和累积的利比多财富。儿童的利比多流入外物，他由此获得世界，然后通过对事物的逐渐高估迷失在世界中（这是宗教语言）。对于事物依赖的加强带来了牺牲的需要，即利比多的回收，纽带的切断。宗教的直观学说试图通过这种途径将能量再次聚集起来；实际上，宗教将这种重新收集过程描绘在符号中。客体和主体低价值相比的高估导致了后退潮流。如果没有意识的阻力，它就会很自然地使利比多返回主体。在世界各地的原始人中，我们可以找到与自然和谐的宗教实践，因为原始人很容易遵循自己的本能，时而朝这个方向前进，时而朝那个方向前进。他的宗教实践使他可以再现他所需要的神奇力量，或者恢复他在夜间失去的灵魂。

重要宗教的目标体现在"不是这个世界"的警告中，这意味着利比多向内进入潜意识。它的回收和内倾导致利比多集中在潜意识中。这种利比多被比作"财富"，就像"无价珍珠"和"田中财宝"的寓言故事展示的那样。埃克哈特对后者解释如下：

> 基督说，"天国就像隐藏在田地里的财宝"。这个田地就是灵魂，天国财宝隐藏在里面。所以，

上帝和受祝福的万物在灵魂中。①

这种解释和我们的心理观点相符：灵魂是潜意识的人格化，潜意识中有财宝，即沉浸在内倾中的利比多，它被比作上帝之国。这相当于和上帝的永久联合，生活在他的国度里。在这种状态中，大多数利比多在潜意识中，决定了意识生活。集中在潜意识中的利比多之前在客体身上，这使世界看上去非常强大。上帝当时在"外部"，但他现在在内心里作为隐藏的财宝运转，被看作上帝之国。所以，如果埃克哈特认为灵魂本身就是上帝之国，他就会将其看作与上帝联系的功能，上帝就会成为在灵魂内部运转、被灵魂感知的力量。埃克哈特甚至将灵魂称为上帝的意象。

显然，根据民族和历史文献，灵魂是部分属于主体、部分属于精神世界即潜意识的内容。所以，灵魂总是既有世俗性质，又有很大的鬼

---

① 参考埃文斯，I，第271页。

魂性质。它与魔力相同。魔力是原始人的神圣力量。在较高的文化层次上，上帝与人完全分离，被提升到纯粹理想高度。不过，灵魂永远不会失去中间位置。所以，你必须将其看作主体和无法抵达的潜意识深处之间的联系功能。在这些深处运转的决定力量（上帝）被灵魂所反映。也就是说，它创造了符号和意象，而它本身只是意象。灵魂通过这些意象将潜意识力量传达给意识；它既是接收者，又是传输者，是感受潜意识内容的器官。它所感受的是符号。不过，符号是有形的能量，是决定性思想，其影响力量和它们的精神价值一样强大。埃克哈特说，当灵魂在上帝中时，它不"喜悦"，因为当这种感受器官被神圣力量征服时，它的状态绝不是快乐的。不过，当上帝在灵魂中时，即当灵魂成为潜意识容器，使自己成为潜意识的意象或符号时，这是真正快乐的状态。快乐状态是创造性状态，就像我们在下列神圣文字中看到的那样：

如果有人问我，我们为什么祈祷，为什么禁食，为什么做各种善工，为什么受洗，上帝为什么变成人，我会回答说，这是为了使上帝诞生于灵魂中，使灵魂诞生于上帝中，使人类写出《圣经》，使上帝创造整个世界，使上帝诞生于灵魂中，灵魂诞生于上帝中。最核心的粮食是小麦，最核心的金属是黄金，最核心的生物是人！[①]

在这里，埃克哈特坦率指出，上帝依赖于灵魂，灵魂是上帝的出生地。根据我们之前的反思，你很容易理解后一句话。灵魂作为感受器官，理解潜意识内容，作为创造功能，以符号形式孕育了它的力量。[②] 从意识的理性视角来看，灵魂孕育的意象是没有价值的。它们无法在客观世界中直接得到使用。从这种意义上说，它们的确没有价值。它们的第一种用途是艺术，如果你拥有某

[①] 参考埃文斯，第81页。

[②] 埃克哈特认为，灵魂既是理解者，又是被理解者。埃文斯，I，第389页。

种艺术天赋的话①；第二种用途是哲学思辨②；第三种用途是准宗教性的，会导致异端和教派的创立；第四种使用这些意象力量的方式是将其浪费在各种放荡形式中。就像我们在开头说的那样，后两种使用模式在诺斯替主义的苦行学派和无政府主义学派中特别明显。

不过，从适应现实角度看，对于这些意象的意识具有间接价值，因为你与周围世界的关系可以从各种幻想中释放出来。不过，它们的主要价值在于增进主体与外部环境无关的快乐和幸福。适应环境当然很理想，但你有时无法做到这一点。有时，惟一的适应就是耐心忍耐。对于幻想意象的精炼会使这种被动适应形式更加轻松。我说"精炼"，因为这些幻想起初只是原始材料，价值存疑。你需要处理它们，将其置于得到最佳计算的形式中，以获得最大收益。这是技巧问题，不

---

① 文学例子有E.A.T.霍夫曼（Hoffman）、梅林克（Meyrink）、巴拉赫（Barlach，《死亡日》），还有更高层次的斯皮特勒、歌德和瓦格纳。

② 比如尼采的《查拉图斯特拉如是说》。

适合在这里讨论。为便于理解,我只能说,有两种处理方法,一是简化,二是综合。前者将一切追溯到原始本能,后者将材料发展成人格区分过程。这两种方法互为补充,因为朝向本能的简化使人返回现实,返回对现实的高估,从而返回牺牲的必要性。综合方法通过牺牲,对于来自利比多内倾的象征幻想进行精炼。这导致对于世界的新态度,它的差异性提供了新的潜能。我把这种态度转换称为超越功能。[1] 在这种新态度中,之前沉入潜意识的利比多以某种积极成就的形式出现。这相当于生命的更新,埃克哈特用上帝的诞生来象征这种更新。反过来,当利比多从外部客体撤回,沉入潜意识时,灵魂再次在上帝中诞生。就像埃克哈特正确指出的那样,这种状态并不快乐[2],因为它是消极行为,远离了生命,堕落为隐藏的上帝,后者的性质与白天照耀世界的上帝完全不同。

---

[1] 另见《超越功能》(*The Transcendent Function*)。

[2] 埃克哈特说:"所以,我再次转向我自己,在自己身上找到最深的地方,比地狱还要深;即使在那里,我的悲惨也会驱赶我。没有任何地方能让我逃离自己!我要安顿在这里,停留在这里。"参考埃文斯(Evans),I,389页。

埃克哈特将上帝的诞生看作连续过程。实际上，这个过程是心理过程，在潜意识中几乎持续不断地重复进行。只有当它摆向极端时，我们才会意识到它。歌德的收缩和舒张思想似乎从直觉上击中了要害。它完全可能是生命节律问题，生命力波动问题，这种波动通常在潜意识中进行。这也可以解释为什么这种过程的现有术语以宗教和神话术语为主，因为这些术语主要是指潜意识心理事实，而不是像神话的科学解释者经常说的那样，指的是月相或其他气象学现象。由于它主要是潜意识过程问题，因此我们这些科学家很难摆脱比喻语言，达到其他科学使用的比喻水平上。宗教语言试图用古老、美妙、具有深刻意义的符号表达自然的巨大奥秘。心理学对于这一领域的涉足不会影响它的尊贵地位。到目前为止，科学还无法涉足这一领域。我们只将符号倒退一点，稍微探究一下它们更加阴暗的部分。我们不会错误地认为，我们不只为困扰过去所有时代的奥秘创造了新的符号。我们的科学也是比喻语言，但它在实践中的效果优于古老的神话假设，后者将具体主义作为表达方式，而不是像我们那样，将概念作为表达方式。

> 通过被创造出来，灵魂创造了上帝，因为只有灵魂诞生，上帝才会存在。不久以后，我宣布，我是使上帝成为上帝的原因。灵魂得到了上帝，他本身拥有了神格。[1]
>
> 上帝形成并消失。[2]
>
> 众生呼求上帝，上帝因而出现。我在神格的地下和深渊、洪流和源头时，没有人问我前往何处或者做了什么；没有人能向我提问。当我流出来的时候，众生呼求上帝……为什么他们不呼求神格？神格中只有一位神，这没有什么可说的。只有上帝在做事，神格什么也不做，它也做不了任何事情，它也从未想过要做任何事情。上帝和神格的区别就像有为和无为的区别一样。当我再次返回上帝时，我本人不再做任何事情。所以，我的这次突破比我起初的行动要更为卓越。这是因为，是我把众生带进我心里，使它们在我心里

---

[1] 参考埃文斯，第410页。
[2] 参考埃文斯，第143页。

成为一体。当我返回神格的地下和深渊、洪流和源头时，没有人问我从何处来，到何处去。没有人想念我。上帝消失了。①

我们可以从这些段落看出，埃克哈特区分了上帝和神格。神格是一切，既不知道自己，也不拥有自己。上帝是灵魂的功能，正如灵魂是神格的功能。神格显然是无所不在的创造力量。用心理学术语说，它是自我生成的创造本能，既不知道自己，也不拥有自己，类似于叔本华的普遍意志。不过，上帝似乎来自神格和灵魂。和万物类似，灵魂"呼求"上帝：只有当灵魂将自己从潜意识中区分出来，感受到潜意识的力量时，上帝才是存在的。当灵魂沉浸在潜意识力量的"洪流和源头"中时，上帝立刻不复存在。所以，埃克哈特说：

当我从上帝流溢出来时，万物都在说，"这是上帝！"这不会使我受到祝福，因为如果我受到祝福，我就承认了自己是被创造者。不过，当

---

① 参考埃文斯，第143页。

我破茧而出时，我摆脱了上帝的意志，也缺少了上帝的意志，以及他的所有工作，甚至缺少了上帝本身——接着，我超越了众生。之后，我既不是上帝，也不是被创造者：我恢复了之前的身份，并将永远保持这个身份！接着，我受到了推力，它使我超越了所有天使。凭借这种推力，我变得非常富有，不再满足于做上帝，尽管上帝作为上帝拥有许多好处，可以行各种神迹；这是因为，通过这种突破，我获得了上帝和我的共同点。我恢复了之前的身份，既不增加也不减少，因为我是屹立不动的万物推动者。在这里，上帝在人那里再也找不到位置，因为人通过空虚找回了之前的永恒身份，并将永远维持这个身份。[1]

"流出"意味着对于潜意识内容和潜意识力量的意识，后者表现为诞生于灵魂的思想。这是意识从潜意识力量中分化出来的行为，是自我作为主体与上帝（等于力量）作为客体的分离。通过这一行为，上帝"出现了"。不过，当这种"突

---

[1] 参考第221页。

破"切断自我与世界的联系,从而消除这种分离,使自我再次等同于潜意识力量时,上帝作为客体消失了,缩进了不再与自我相区分的主体。换句话说,自我作为分化的后期产物,与动态一体性再次结合(原始人的神秘参与)。这就是沉浸在"洪流和源头"中。你可以立刻看出它与东方思想的许多相似性,比我更有资格的作家已经对此作了阐述。在没有直接交流的情况下,这种相似性表明,埃克哈特的思想来自东西方共有的集体心理深处。任何共同历史背景都无法解答这种普遍基础,它也是拥有上帝能量概念的原始心态的基础。

对于远古性的回归和对史前心理状态的神秘回归是所有原始宗教的共同特征。在这些宗教中,推动力量还没有固化成抽象概念,仍然是一种生活经验,不管是表现为澳大利亚土著人的图腾认同仪式[1],还是表现为基督教神秘主义的陶醉。由于这种退化过程,最初认同上帝的状态得到重新确立,新的潜能得到生成。虽然这种状态很荒谬,

---

[1] 斯潘塞(Spencer)和吉伦(Gillen),《中澳大利亚的北方部落》。

但它是一种非常震撼的经历，通过恢复个体与客体上帝的关系创造了全新的世界。

在谈论上帝符号的相对性时，如果忽略孤独诗人安吉卢斯·西里修斯（Angelus Silesius）[①]，我们就没有完成职责。西里修斯的悲剧命运与那个时代和他的内心视野无关。他用温馨感人的诗歌唱出了埃克哈特绞尽脑汁想要表达的思想。埃克哈特的语言常常晦涩难懂，安吉卢斯·西里修斯却能用天真质朴的语言描绘上帝的相对性。他的诗歌可以证明这一点：

> 我知道，没有我
> 上帝无法存在片刻；
> 如果我死去，
> 他也无法继续存活。
> 没有我
> 上帝无法创造一只蠕虫；
> 如果我不和他分享

[①] 约翰·舍夫勒（Johann Scheffler），神秘主义者和医生，1624—1677年。

蠕虫就会面临毁灭的命运。
我和上帝一样伟大,
他和我一样渺小;
他无法高于我,
我也无法低于他。
上帝是我心中的火
我是他身上的光;
我们的生命相连,
无法彼此分开。
上帝爱我胜过自己
我对他的爱也同样沉重,
不管他给我什么
我都会投桃报李。
对我来说,他是上帝,也是人,
对他来说,我也是如此;
我满足他的饥渴,
他满足我的需求。
这位同情我们的上帝,
满足我们的愿望;
如果我们不能同样对待他,
我们就有祸了。

上帝可以是任意身份，

我必须做我自己；

只要认识我们中的一个，

你就认识了另一个。

我不在上帝之外，

也不把他留在远方；

我是他的恩典和光亮，

他是我的指路明灯。

我是葡萄藤，

是他种植和最为珍视的；

我所结的果子

是上帝，是圣灵。

我是上帝的孩子，是他的儿子，

他也是我的孩子；

我们合二为一，

是温柔的父子。

为照亮我的上帝

我必须成为阳光；

我的光线必须照耀

他那平静无边的海洋。[①]

[①] 选自《*Cherubinischer Wandersmann*》，出自舍夫勒的《*Sammtliche Poetische Werke*》〔罗森塔尔（Rosenthal）编辑〕，I, 5ff.。

第一章 诗歌中的类型问题

你不能认为，这些诗歌和梅斯特·埃克哈特的大胆思想仅仅是意识思辨的虚构事物。这些思想一直是具有深刻意义的历史现象，顺着集体心理的潜意识溪流前进。在意识门槛以下，其他无数拥有类似思想和感情的无名事物隐藏在它们后面，准备开启新时代之门。在这些大胆的思想中，我们听到了集体心理的声音，它带着冷静的自信和自然法则的终极性实现了精神转变和更新。潜意识溪流在宗教改革时期浮出水面。宗教改革在很大程度上摆脱了作为救赎分配者的教会，再次确立了个人与上帝的关系。上帝概念客体化的顶点已经过去。从那时起，它的主观性变得越来越强。这种主体化过程的合理结果是教派分裂，其最极端结果是个人主义。个人主义代表了摆脱世界的新形式，其迫切危险是重新沉浸在潜意识力量中。在我们这个时代与其他时代的许多区别中，"金发野兽"狂热就是由此发展出来的。每当这种对于本能的沉浸出现时，作为补偿，对于纯动态主义混沌的抵抗都会加强。这种抵抗来自对形式和秩序的需求。潜入漩涡的灵魂必须创造出捕捉和表达这种动态主义的符号。一些诗人和艺术家的创造力主要源于他们对潜意识内容的感知，他们的智力视野很宽，可以分辨时代的重要问题，至少是它们的外部表象。这些人通过感觉和直觉知道了这种集体心理过程。

5．斯皮特勒统一符号的性质

斯皮特勒的《普罗米修斯》是心理转折点的标志：它说明了曾经统一的矛盾双方的分裂。作为艺术家和灵魂仆人的普罗米修斯从人间消失；服从无灵魂道德常规的社会被交给贝希摩斯，后者象征过时理想的有害和毁灭效果。在合适时机，灵魂潘多拉在潜意识中创造了救赎宝石，但它没有为人类带来利益，因为人们没能理解它。只有通过普罗米修斯的干预，情况才出现好转。普罗米修斯通过洞察和理解先让少数人获得了感觉，然后让许多人获得了感觉。显然，斯皮特勒这部作品源于创作者的私人生活。不过，如果它只包含对于纯个人经历的诗歌阐释，它就会失去普遍有效性和长期价值。它之所以拥有普遍有效性和长期价值，是因为它不仅包含个人经历，而且涉及斯皮特勒本人对于这个时代集体问题的体验。当它首次问世时，它必然会遭遇公众的冷漠，因为在任何时代，大多数人都需要维持和赞美现状，这有助于导致创造精神试图避免的灾难性结果。

一个重要问题仍然有待讨论，那就是宝石的性质。这块宝石是新生命的象征，诗人感觉它会带来快乐和解脱。我们已经证明了宝石的"神圣"性质，这清晰表明，它包含了新的能量释放的可能性，将束缚在潜意识中的利比多释放出来的可能性。这个符号总是告诉我们：在这类形式中，新的生命表现将成为可能，它是对束缚和厌世的摆脱。通过符号从潜意识中释放出来利比多表现为恢复青春的神，或者新的神；例如，在基督教中，耶和华被转变成慈父，拥有更高、更加属灵的道德。神祇更新主题普遍存在，大部分读者对此应该都很熟悉。谈到宝石的救赎力量，潘多拉说："我听说有一个种族充满了悲伤，值得同情。

我想到了一件礼物。如果能得到你的首肯，我可以用它减轻或缓和他们的许多痛苦。"[1] 荫蔽"神童"的树叶唱道："因为这里有存在，这里有极乐，这里有恩典。"[2]

神童的信息是爱和喜悦，是基督诞生时的那种极乐状态；佛陀诞生时的特征是太阳女神的致意[3]，以及全人类在这个诞生时刻变成"善人"、受到祝福的奇迹。[4] 我只从"神圣祝福"中摘录下面这个重要段落："愿每个人再次看到他儿时在闪亮的未来梦境中看到的意象。"[5] 这证实了童年幻想会努力得到实现；这些意象并没有丢失，在成年后再次出现，应该得到实现。正如老库尔

---

[1] 参考《普罗米修斯与厄庇墨透斯》（穆尔黑德翻译），第114页。

[2] 参考《普罗米修斯与厄庇墨透斯》（穆尔黑德翻译），第131页。

[3] 参考《普罗米修斯与厄庇墨透斯》（穆尔黑德翻译），第135、136页。

[4] 参考《普罗米修斯与厄庇墨透斯》（穆尔黑德翻译），第132页。

[5] 参考《普罗米修斯与厄庇墨透斯》（穆尔黑德翻译），第132页。

（Kule）在巴拉赫的《死亡日》中所说：

> 当我晚上躺在这里，黑暗的枕头把我压倒时，有时，带有回响的光线会向我压迫过来，我的眼睛能看到它，耳朵能听到它；我的床边站立着美好未来的可爱形象。他们还很僵硬，但拥有灿烂的美，还在睡觉；谁能叫醒他们，谁就能使世界变得更加美好。能够做到这一点的人将成为英雄……他们不是站在阳光下，不会被太阳照亮。不过，到了某个时候，他们一定会从黑夜之中走出来。把他们带到阳光下将是怎样的壮举啊！他们将在那里生活。[①]

我们将会看到，厄庇墨透斯也渴望宝石意象；在对大英雄赫拉克勒斯（Herakles）雕像的论述中，他说："这是雕像的意义……宝石将在我们头顶成熟，我们必须获得这个宝石。"[②] 不过，当宝石被厄庇墨透斯拒绝，被带给祭司时，祭司用厄

[①] 参考《普罗米修斯与厄庇墨透斯》（穆尔黑德翻译），第30、31页。

[②] 参考《普罗米修斯和厄庇墨透斯》，第140、141页。

庇墨透斯渴望宝石时使用的旋律唱道："哦，来吧，哦，上帝，带着你的恩典。"随后，他们立刻拒绝和诽谤眼前的神圣宝石。你很容易看出，祭司所唱的赞美诗是新教赞美诗：

>生命之灵，再次到来，
>
>真实永恒的上帝！
>
>你的力量不会徒劳下凡，
>
>使我们成为你的住所；
>
>快乐光明的圣灵
>
>也将住在我们里面，我们之前在长夜中。
>
>……
>
>拥有力量和权力的圣灵，
>
>上帝给了你新的灵性，
>
>帮助我们应对试探，
>
>使我们成为天堂里的完人。
>
>在战场上武装我们，
>
>使我们永远不致投降。[1]

---

[1] 《德国钟琴：第二系列》。翻译自凯瑟琳·温克沃思（Catherine Winkworth）的《*Gesangbuch der evangelisch-reformierten Kirchen der deutschsprachigen Schweiz*》，第53、54页。

这首赞美诗证明了我们之前的论述。唱出这首赞美诗的祭司拒绝新的生命之灵，新的符号，这完全符合厄庇墨透斯所造之物的理性主义性质。理智必须永远以某种理性、一致、符合逻辑的方式寻找解决方案，这当然足以应对所有正常局面，但是完全不足以应对真正重要的决定性问题。它无法创造符号，因为符号是非理性的。当理性途径被证明是死胡同时——它总会在一段时间以后被证明是死胡同——解决方案在最意想不到的地方出现。（"拿撒勒还能出什么好的么。"①）例如，这就是弥赛亚预言背后的心理学规律。预言本身是潜意识中预示的事件投影。由于解决方案是非理性的，因此救世主的到来与童女怀孕这一奇特的非理性条件有关〔《以赛亚书》（7:14）〕。和其他许多预言类似，这个预言可以从两方面理解，就像《麦克白》（IV，1）一样：

---

① 《约翰福音》，1:46。

> 麦克白永远不会被征服
> 直到邓斯纳恩高山上的大伯纳姆森林
> 前来攻打他。

作为救赎符号的救世主刚好诞生在最意想不到的时间和最意想不到的地点。所以,以赛亚说(53:1-3):

> 我们所传的,有谁信呢?耶和华的臂膀向谁显露呢?
> 他在耶和华面前生长如嫩芽,像根出于干地。他既无佳形也无美容,我们看见他的时候,也无美貌使我们羡慕他。
> 他被藐视,被人厌弃,多受痛苦,常经忧患。他被藐视,好像被人掩面不看的一样。人们也不尊重他。

救赎力量不仅来自完全意想不到的地方,而且它的表现形式从厄庇墨透斯式视角来看一无是处。在描述对符号的拒绝时,斯皮特勒几乎不可能有意从《圣经》中借鉴了这一思想，我们也无法在他的文字中注意到这一点。更大的可能是，他的思想同样来自使先知和创造艺术家想到救赎符号的内心深处。

救世主的到来象征着矛盾双方的统一：

> 豺狼必与绵羊羔同居，豹子与山羊羔同卧。少壮狮子，与牛犊，并肥畜同群。小孩子要牵引他们。
>
> 牛必与熊同食。牛犊必与小熊同卧。狮子必吃草与牛一样。
>
> 吃奶的孩子必玩耍在虺蛇的洞口，断奶的婴儿必按手在毒蛇的穴上。①

救赎符号的性质与孩子相同②（斯皮特勒的"神童"）——幼稚性或先验假设的缺失是这个符号及其功能的本质特征。这种幼稚态度必然带有另一种取代自我意志和理性意图的指导原则，它

---

① 《以赛亚书》，11:6ff.。
② 荣格，《儿童原型心理学》。

是神圣的，效果极为强大。由于它具有非理性，因此新的指导原则以神奇形式出现：

> 因有一婴孩为我们而生，有一子赐给我们。政权必担在他的肩头上。他的名称为奇妙，策士，全能的神，永在的父，和平的君。①

这些尊贵头衔再现了救赎符号的本质特征。它的"神圣"效果来自难以抵抗的潜意识力量。救世主形象总是拥有神奇力量，使不可能成为可能。这个符号是中间道路，使矛盾双方流到一起，汇成新的河流，就像漫长干旱后浇灌田地的水道一样。《以赛亚书》将先于解决方案的紧张比作怀孕：

> 妇人怀孕，临产疼痛，在痛苦之中喊叫，耶和华啊，我们在你面前，也是如此。
> 我们也曾怀孕疼痛，所产的竟像风一样，我们在地上未曾行什么拯救的事。世上的居民也未曾败落。

---

① 《以赛亚书》，9:6。

> 死人要复活。尸首要兴起。①

通过拯救行为，惰性和死亡事物恢复生机；用心理学术语说，休眠、不能生育、未曾使用、受到抑制、低估、鄙视的功能突然爆发，获得生机。遭到分化功能灭绝威胁的生命恰恰由于最被低估的功能得以延续②。这一主题在《新约》"万物复兴"思想中再次出现〔《使徒行传》3:21〕。这种思想是遍布全球的英雄神话的高级发展形式。在这个神话中，英雄在离开鲸鱼腹部时不仅带出了父母，而且带出了之前被妖怪吞下的所有人——弗罗贝尼乌斯（Frobenius）称之为"全体逃脱"③。《以赛亚书》三节以后保留了与英雄神话的联系：

> 到那日，耶和华必用他刚硬有力的大刀，刑罚鳄鱼，就是那快行的蛇，刑罚鳄鱼，就是那曲行的蛇。并杀海中的大鱼。④

---

① 《以赛亚书》，26:17-19。
② 上文，pars. 111ff.。
③ 《Das Aeitalter des Sonnengottes》。参考《转变的符号》，309段。
④ 《以赛亚书》，27:1。

随着符号的诞生，利比多对潜意识的回归停止了。回归转变成了前进，阻塞物再次流动起来，母性深渊的诱惑被打破。在巴拉赫的《死亡日》中，老库尔说，唤醒沉睡意象的人会成为英雄。这时，母亲回复说："他必须首先埋葬母亲。"[①] 我已经在之前的作品中充分讨论了"母亲龙"主题[②]，这里就不重复了。《以赛亚书》(35: 5ff.)描述了新生物在寸草不生之地的开花结果：

> 那时瞎子的眼必睁开，聋子的耳必开通。
> 那时瘸子必跳跃像鹿，哑巴的舌头必能歌唱。在旷野必有水发出，在沙漠必有河涌流。
> 发光的沙，要变为水池，干渴之地，要变为泉源。在野狗躺卧之处，必有青草、芦苇和蒲草。
> 在那里必有一条大道，称为圣路。污秽人不得经过，必专为赎民行走，行路的人虽愚昧，也

[①] 第30页。(参考诺伊曼，《意识的起源和历史》，pp.165ff., 174, 186。)

[②] 《转变的符号》，第二部分，第五章和第七章，特别是pars. 394, 379ff., 580. 在斯皮特勒笔下，杀死利维坦类似于征服贝希摩斯。

不至失迷。

　　救赎符号是一条大道，生命可以在上面行走，没有痛苦和强迫。

荷尔德林（Holderlin）在《帕特摩斯》中说：

上帝很近
很难理解。
哪里有危险，
哪里就有救赎。

　　听起来，上帝的迫近似乎是一种危险。也就是说，利比多在潜意识中的集中似乎是对意识生命的威胁。这的确是事实，因为你在潜意识中投入的利比多越多——准确地说，是利比多在潜意识中投入得越多——它的影响或效力就越大：已经丢失无数世代、遭到排斥、废弃、搁置的一切功能可能性恢复了生机，开始对意识头脑施加越来越大的影响，后者拼命想要弄清发生了什么。符号是拯救因素，它接纳了意识和潜意识，将其联合起来。这是因为,当可以被意识支配的利比多在分化功能中逐渐耗尽、其补充变得越来越缓慢和困难时,内心不统一的症状会增加,被潜意识内容淹没和摧毁的危险会增长,但注定要解决冲突的符号一直在发展。不过,这个符号与潜意识危险和威胁的联系非常紧密,很容易混淆。或者,它的出现可能会引发邪恶和毁灭倾向。不管怎样,救赎符号的出现与毁灭和破坏密切相关。如果旧有事物死亡的时机还不成熟,任何新事物都不会出现;如果旧有事物没有挡住新事物的道路,造成伤害,它就不可能也不需要根除。

这种心理矛盾的自然结合可以在《以赛亚书》中找到。《以赛亚书》告诉我们,童女将怀孕生子,他将被称为以马内利(Immanuel,7:14)。重要的是,以马内利(救赎符号)意为"上帝与我们同在",即潜在力量与潜意识的结合。紧随其后的内容说明了这种结合预示的事情:

> 因为在这孩子还不晓得弃恶择善之先,你所憎恶的那二王之地,必致见弃。
>
> 耶和华对我说,你取一个大牌,拿人所用的

笔，写上玛黑珥沙拉勒哈施吧斯①（就是掳掠速临抢夺快到的意思）……我以赛亚与妻子同室。她怀孕生子，耶和华就对我说，给他起名叫玛黑珥沙拉勒哈施吧斯。因为在这小孩子不晓得叫父叫母之先，大马色的财宝，和撒玛利亚的掳物，必在亚述王面前搬了去。

这百姓既厌弃西罗亚缓流的水……主必使大河翻腾的水猛然冲来，就是亚述王，和他所有的威势。必漫过一切的水道，涨过两岸。必冲入犹大。涨溢泛滥，直到颈项。以马内利阿，他展开翅膀，遍满你的地。②

我在之前的作品③中指出，上帝的诞生受到了龙的威胁，受到了水灾和杀婴行为的威胁。在心理学上，这意味着潜意识的潜在力量可能爆发出来，压倒意识。以赛亚面临的危险是外国国王，

---

① 8:1和3〔《圣经》钦定英译本（AV）〕：Maher-shalal-hash-baz。

② 《以赛亚书》，7:16；8:1，3，4；8:6-8〔《圣经》钦定英译本（AV）和DV，mod.〕。

③ 《转变的符号》，第二部分，第五章到第七章。

后者统治着一个强大的敌对国家。以赛亚的问题当然不是心理上的，而是具体的，因为它完全被投射到外部。斯皮特勒的问题从一开始就是心理上的，因此独立于客体，但它的表达形式与以赛亚非常类似，尽管它可能不是有意借鉴的。

救世主的诞生相当于大灾难，因为在看似没有生命、没有力量、没有进一步发展可能性的地方，强大的新生命出现了。它从潜意识中流出，来自被所有理性主义者看作一无所有的心理未知区域。这个遭到怀疑和排斥的区域产生了新的能量流，产生了生命的更新。不过，这个遭到怀疑和排斥的生命力来源是什么呢？它由所有与意识价值不兼容、因而受到抑制的心理内容组成，即一切可恨、不道德、错误、不恰当、无用的事物，也就是在某个时候被相关个体认为具有上述性质的一切事物。现在的危险是，当这些事物戴着新的神奇伪装重新出现时，它们可能会对他产生很大影响，使他忘记或否定之前的一切价值。他曾经鄙视的事情现在成了至高原则，曾经的真理现在变成了错误。这种价值反转类似于国家被洪水摧毁。

所以，在斯皮特勒笔下，潘多拉的神圣礼物为国家及其居民带来了邪恶，正如在古典神话中，当潘多拉打开盒子时，疾病跑出来，在地上肆虐。为了理解这一点，我们必须考察符号的性质。最先发现宝石的是农民，正如最先迎接救世主的是牧民。他们用手把玩宝石，"最后，他们被它古怪、邪恶、不正当的外表完全惊呆了"。[1] 当他们把宝石拿给厄庇墨透斯时，他存放在衣橱里的良心"带着令人难以置信的怀疑"，非常惊慌地跳到地上，藏在床下。

良心从床下向外窥视，就像邪恶地瞪着的眼珠、充满敌意地挥舞弯曲大螯的螃蟹一样。厄庇墨透斯把宝石推向良心，但良心带着厌恶的姿势进一步后退。虽然国王恳求他，哀求他，引诱他，但他愤怒而沉默地待在那里，一言不发。[2]

显然，良心认为新的符号非常讨厌。所以，国王让农民把宝石拿给祭司。

---

[1] 参考《普罗米修斯和厄庇墨透斯》，第136页。
[2] 参考《普罗米修斯和厄庇墨透斯》，第142页。

希菲尔-霍法尔（Hiphil-Hophal，大祭司）看了一眼宝石，立刻厌恶地发抖，双臂交叉放在额头，仿佛是在抵挡攻击。他喊道："把这可恶的东西拿走！它是违背神的，它的心是属肉体的，它的眼神透露着傲慢。"[1]

接着，农民把宝石拿到研究院，但教授认为它缺少"感情和灵魂，而且缺少重量，最重要的是，它没有指导思想"。[2] 最后，金匠认为宝石是假的，是用普通材料制造的。在市场上，农民试图卖掉宝石，但警察突然出现，他喊道：

你的身体里没有心吗？你的灵魂没有良心吗？你怎么敢把这个赤裸、无耻、淫荡的裸体形象暴露在众人面前？……现在，请你立刻滚开！如果它污染了天真儿童和纯洁妻子的眼睛，你就要倒霉了！[3]

诗人说，这个符号古怪、邪恶、不正当，触犯了我们的道德感情和神圣属灵思想；它挑逗性

---

[1] 参考《普罗米修斯和厄庇墨透斯》，第144页。
[2] 参考《普罗米修斯和厄庇墨透斯》，第146页。
[3] 参考《普罗米修斯和厄庇墨透斯》，第149页。

欲，放肆无礼，容易引发性幻想，威胁公共道德。根据这些特征，这个符号显然违反了我们的道德价值和美学判断，因为它缺少更高的感情价值，其"指导思想"的缺失意味着其智力内容的非理性。"违背神"的判断等同于"反基督"，因为这段情节的背景既不在古代，也不在东方。根据这些特征，这个符号代表了低级功能，代表了不被承认的心理内容。虽然原文没有明说，但它显然是人类裸体画面，是"生命形式"。它表达了做自己的完全自由和做自己的职责。它象征了人可能具有的形象，象征了由自然而非某种人工理想塑造的道德和美学之美的典范。将这种画面呈现在今天的人眼前意味着释放他体内被囚禁和抹除的一切。如果他只有一半是文明的，另一半是野蛮的，他的一切野蛮都会被唤醒，因为人的仇恨总是集中在使他意识到自身恶劣性质的事情上。所以，当宝石出现在世界上时，它的命运已经注定了。最先发现它的哑巴牧羊小伙被愤怒的农民打得半死，后者最终将宝石丢到街上。所以，救赎符号结束了短暂而典型的经历。它显然与耶稣受难存在相似性。而且，宝石一千年只出现一次，这进一步体现了它的救世主性质。救世主、苏什扬特（Saoshyant）①和佛陀的出现是罕见现象。

宝石的结局很神秘：它落入流浪犹太人手中。"他不是这个世界的犹太人。在我们看来，他的装束非常奇特。"②这个奇特的犹太人只能是亚哈随鲁（Ahasuerus），他不承认真正的救赎者。现在，他偷走了救赎者的形象。亚哈随鲁的故事是基督教后期传说，不会早于十三世纪。③在心理学上，它源于在基督教人生和世界态度中找不到出口、因而受到抑制的人格成分或利比多改变。犹太人总是这方面的象征，所以才会有中世纪对于犹太人的迫害狂热。活人祭思想是排斥救赎者的深刻投影，因为人们总是将自己眼中的尘埃看作兄弟眼中的木头。活人祭思想在斯皮特勒故事中也有体现——犹太人从天堂偷走了神童。它是"救赎

---

① 琐罗亚斯德教信奉的最后一位隐遁先知。琐罗亚斯德教又叫拜火教。——中译者

② 参考《普罗米修斯和厄庇墨透斯》，第164页。

③ 科尼格（Konig），《亚哈随鲁》。

者的工作不断被潜意识中未救赎元素的存在挫败"这一悲观意识在神话中的投影。这个没有得到救赎和驯服的野蛮元素只能被套上枷锁，不能自由驰骋，它被投射到从未接受基督教的人身上。我们在潜意识中意识到了这个棘手的元素，但我们不愿意承认它的存在——所以，它得到了投射。在现实中，它是我们的一部分，成功逃脱了基督教驯化过程。流浪犹太人的躁动是这种未救赎状态的具体化。

未救赎元素立刻吸引了新的光线，即新符号的能量。这从另一个角度表达了我们之前说的符号对整个心理的影响（pars.449ff.）。它唤醒了所有受到抑制、未被承认的内容，正如它在斯皮特勒笔下激怒了"市场守卫者"。它对希菲尔-霍法尔产生了相同的效果。由于希菲尔-霍法尔对于自身宗教的潜意识抵制，他立刻强调了新符号的不虔诚和淫荡。他在拒绝宝石时展示出的情感等同于受到抑制的利比多。纯粹神圣礼物在道德上堕落，转变成祭司和警察的俗艳幻想，这完成了活人祭。不过，符号的出现不是完全没有价值的。虽然它的纯粹形式不被接受,但它被潜意识的古老未分化力量(由贝希摩斯象征)吞噬,得到了意识道德和美好思想的持续支持。物极必反由此开始,之前有价值的事物转变成没有价值的事物,之前美好的事物转变成糟糕的事物。

长期以来,厄庇墨透斯统治的善之国一直与贝希摩斯王国为敌。[1] 贝希摩斯和利维坦是《约伯记》中耶和华的两个著名妖怪,象征他的强大力量。作为粗暴的动物符号,它们代表人性中类似的心理力量。[2] 耶和华宣布(《约伯记》,40:10ff., DV):

你且观看河马。我造你也造它。它吃草与牛一样。

它的气力在腰间,能力在肚腹的筋上。

它摇动尾巴如香柏树。它大腿的筋互相联络。[3]

---

[1] 斯皮特勒,第179页。

[2] 参考《转变的符号》,pars. 87ff.,另见沙夫(Scharf),《旧约中的撒旦》,第51、127页。

[3] 斯皮特勒让阿施塔特(Astarte)做了贝希摩斯的女儿,这很值得注意。

> 它的骨头好像铜管。它的肢体仿佛铁棍。
> 它在神所造的物中为首……

你应该专心阅读这些文字。这个纯粹力量"在神所造的物中为首"。这里的神是耶和华,他在《新约》中抛弃了这种形式,不再是自然之神。在心理学上,这意味着存储在潜意识中的利比多的动物一面被基督教态度永远限制;神的一面被抑制,或者被记在人的账上,最终被交给魔鬼领域。所以,当潜意识力量开始涌出,当"上帝的道"开始时,上帝以贝希摩斯的形象出现。[①] 你甚至可以说,上帝以魔鬼形象出现。不过,这些道德评价是视觉幻象:生命力不在道德评判范围内。梅斯特·埃克哈特说:

> 所以,如果我说上帝是好的,这是错误的:我是好的,上帝不是好的。进一步说:我比上帝更好,因为只有好的事物才会变成更好,只有更好的事物才能变成最好。上帝不是好的,所以无

---

① 参考弗卢努瓦(Flournoy),《Une Mystique moderne》。

法变成更好；由于他无法变成更好，因此他无法变成最好。好、更好和最好这三件事情无限远离上帝。上帝位于一切之上。①

救赎符号的直接效果是矛盾双方的统一：厄庇墨透斯的理想领域与贝希摩斯王国合而为一。也就是说，道德意识与潜意识内容和相关的利比多结成了危险的联盟。"神圣儿童"是人性最高价值。没有他们，人就会成为动物。现在，他们被托付给厄庇墨透斯照看。不过，厄庇墨透斯与潜意识对立面的结合带来了毁灭和淹没风险——意识价值容易被潜意识力量淹没。宝石是自然道德和美好的象征。如果我们相信并接受它，而不是仅仅让它激起我们"道德"文化背景中的所有污秽，神圣儿童就不会由于与贝希摩斯联合而遭受威胁，因为厄庇墨透斯总是可以区分有价值和没有价值的事物。不过，由于厄庇墨透斯片面、理性、扭曲的心态似乎无法接受这个符号，因此一切价值标准都失败了。当矛盾双方的结合在更高层面发生时，淹没和毁灭的危险必然会出现，

---

① 参考埃文斯，I，第246页。

因为敌对趋势常常在"正确思想"的伪装下非法闯入。就连邪恶和有害事物也会得到合理化，看上去具有美感。所以，意识价值被换成了纯粹的本能和愚蠢——神圣儿童一个接一个地被交给贝希摩斯。他们被之前位于潜意识中的野蛮趋势吞噬；所以，贝希摩斯和利维坦设置了无形大鲸，作为他们力量的象征。厄庇墨透斯领域的相应符号是鸟。栖息在深海中的鲸是吞噬性潜意识的著名象征[1]；生活在明亮天空中的鸟儿象征着意识思想[2]、（有翼）理想和圣灵（鸽子）。

普罗米修斯的干预阻止了善良的最终灭绝。他从敌人手中救出了最后一个神圣儿童弥赛亚（Messias）。弥赛亚成了神圣王国的继承人，而普罗米修斯和厄庇墨透斯作为分裂矛盾的人格化，此时联合在一起，返回偏僻的"故乡山谷"。两个人都失去了统治权——厄庇墨透斯被迫放弃统治权，而普罗米修斯从未追求过统治权。用心理

---

[1] 关于更多文献，参考《转变的符号》，pars. 309ff., 575ff., 538n.。

[2] 参考《心理学与炼金术》，第305页。

学术语来说,内倾和外倾不再作为互斥原则占据主导地位,因此心理分裂停止了。取代它们的是新功能,由神圣儿童弥赛亚象征,他曾长期躺卧睡觉。弥赛亚是协调者,象征着统一矛盾的新态度。他是儿童,是男孩,是古代永恒少年原型,预示着一切遗失事物的重生和恢复(万物复原)。潘多拉以意象形式带到凡间的事物被人排斥,成了他们毁灭的原因,它在弥赛亚身上得到了实现。这种符号的结合在分析实践中经常出现:出现在梦境中的符号由于前面描述的原因受到排斥,甚至引发与贝希摩斯入侵相对应的敌对反应。由于这种冲突,人格被拉低到出生后一直存在的基本性格水平上,它使成熟人格与童年能量来源持续接触。不过,就像斯皮特勒指出的那样,重要危险在于,符号不仅没有被接受,它所唤醒的古代本能还会得到合理化,受到传统思维方式的处理。

英国神秘主义者威廉·布莱克说:"世上总是存在这两种人……多产者和吞噬者……宗教试图调和这两种人。"① 布莱克这段话非常简洁地总结

---

① 《天堂和地狱的婚姻》,《威廉·布莱克作品全集》(凯恩斯编辑),第155页。

了斯皮特勒的基本思想和我们前面的所有讨论，我想以此作为本章结尾。我的论述也许有点繁琐，因为我想充分展示斯皮特勒在《普罗米修斯和厄庇墨透斯》中提出的大量启发性思想，正如席勒在《书信》中提出了大量思想。我尽量只讨论了重要思想。实际上，我并没有对这篇文献进行全面阐释，因此忽略了其他许多问题。

第二章
心理病理学中的类型问题

我们现在来看一位精神病学家的作品，他试图从"精神病态性低下"中区分出两种类型。"精神病态性低下"是各种令人困惑的心理障碍的统称。这个非常宽泛的类别包括不能被看作正常精神病的所有精神病态临界状态，也就是所有神经症和所有退行性状态，比如智力低下、道德低下、情感低下和其他心理低下。

这项研究是由奥托·格罗斯（Otto Gross）进行的，他在1902年发表了理论研究论文，题为《脑次要功能》。根据这篇论文的基本假设，他得到了两种心理类型的概念[①]。虽然他讨论的经验素材选自精神病态性低下领域，但他得到的结论完全适用于更加宽泛的正常心理学领域。失衡心理状态使研究人员能够极为清晰地观察在正常范围内通常只能模糊感知的某些心理现象。异常状态

---

① 格罗斯在《Uber psychopathische Minderwertigkeiten》，27ff. 这一部分对于他的类型略有修改，但是没有改变其实质。

有时像放大镜一样。我们会看到，格罗斯本人在最后一章也把结论拓展到了更加宽泛的领域。

格罗斯所说的"次要功能"指在"主要功能"之后发生的脑细胞过程。主要功能对应于细胞的实际工作，即生成思想等积极心理过程。这种工作是能量过程，大概是化学压力的释放；换句话说，它是一种化学分解过程。格罗斯将这种急性释放称为主要功能。在它之后，次要功能开始运转。它是恢复过程，是通过同化实现的重建。这项功能所需要的时间长短取决于之前的能量释放强度。在这段时间，细胞状态发生了改变；它现在处于兴奋状态，这必然会影响随后的心理过程。特别高调、饱含感情的过程需要特别强烈的能量释放，因此需要由次要功能控制的特别长的恢复期。格罗斯认为，次要功能对心理过程的整体影响体现在它对随后联想路径的具体明显影响上，因为它把联想的选择范围限制在由主要功能代表的"主题"或"主导思想"上。实际上，在我自己的实验研究中（我的一些学生可以证实），我可以从统计学上证明，感情基调很高的思想会导致持续症。① 我的学生埃伯施魏勒（Eberschweiler）在研究语言成分时证明②，半谐音和凝集存在同样的现象。而且，根据我们的病理学经验，持续症经常出现在严重脑损伤、卒中、肿瘤、萎缩和其他退行性状态中。这种持续症完全可能来自这种恢复过程的延长。因此，格罗斯的假设很值得讨论。

所以，我们自然应该思考，次要功能恢复期比其他人长的个体甚至类型是否存在？如果存在，它是不是某些典型心理的原因？显然，和较长的次要功能相比，较短的次要功能在指定时间段里影响的连续联想要少得多。所以，主要功能可以运转得更加频繁。这种情形的心理画面表现为持续和迅速更新的行动和反应意愿、注意力分散、肤浅联想趋势、更深、更准确联想的缺失以及在联想被认为有意义条件下的某种不连贯。另一方面，许多新主题将在指定时间单位内涌现出来，

---

① 《词语关联研究》。

② 《*Untersuchungen uber die sprachliche Komponente der Assoziation*》。

但它们一点也不强烈，没有清晰的焦点。所以，具有不同价值的异质思想出现在相同水平上，带来"思想平均"〔韦尼克（Wernicke）〕印象。这种主要功能的迅速交替必然会阻止思想本身情感价值的任何真实体验，其结果是，情感必然是肤浅的。同时，这使态度的迅速适应和改变成为可能。当次要功能以这种方式受到限制时，实际思想过程或抽象过程自然会受到影响，因为抽象需要对许多初始思想及其后效应进行持续思考，需要较长的次要功能。没有较长的次要功能，就没有一个或一组思想的强化和抽象。

主要功能的迅速恢复带来了更高的反应性，但它广度有余而深度不足，可以使人迅速掌握肤浅的当下，但是无法掌握其深层含义。这种类型给人的印象是，他拥有不批评别人、没有偏见的态度；他的助人意愿和理解力令我们吃惊，或者，我们可能会发现，他缺乏考虑和策略，甚至很蛮横，这是无法解释的。他对深层含义过于轻率的忽略使人觉得他看不到一切没有直接摆在台面上的事情。他的迅速反应体现了专注，体现了近乎愚蠢的大胆。由于缺少批评,这种大胆使他无法意识到危险。他行动迅速,看似很坚决,但它常常只是盲目的冲动。他认为对他人事务的干预是理所应当的。他忽视思想和行动的情感价值及其对他人的影响,这使他更容易干预他人。不断更新的行动意愿对感受和经历的同化产生了不利影响;通常,他的记忆严重受损,因为最容易复制的联想通常是与他人产生大规模联系的联想。相对孤立的记忆会迅速沉没。所以,记忆一系列毫无意义和关联的词语要比记忆一首诗困难得多。这种类型的其他特征有迅速消逝的兴奋和热情,还有某些品味的缺失,它源于异质内容的迅速交替和对其不同情绪价值的不理解。同抽象和综合相比,他的思维拥有更多内容表达和有序安排的特征。

在描述这种拥有短暂次要功能的类型时,我在所有重要方面遵循了格罗斯的思路,在某些地方将其改写成了正常心理学语言。格罗斯将这种类型称为"拥有浅薄意识的低下"。如果过度愚钝的特征恢复正常,读者很容易发现,这幅整体画面就是乔丹（Jordan）所说的"弱情绪"类型，即外倾型。格罗斯首先提出了解释这种类型的简单一致的假设，这是他的功劳。

格罗斯将相反类型称为"拥有收缩意识的低下"。在这种类型中，次要功能特别强烈与漫长。所以，它对连续联想的影响程度高于另一种类型。我们也可以认为，他的主要功能可能会得到强化。所以，和外倾型相比，他的细胞工作更加广泛和完整。这自然会导致次要功能的延长和强化。由于这种延长，初始思想的后效应会持续更长时间。由此，我们得到了格罗斯所说的"收缩效应"：联想选择遵循初始思想路径，导致对于"主题"更加充分的意识或深化。思想拥有持久影响，印象变得很深。它的一个劣势是，联想局限于狭窄范围，这使思想失去了很大一部分多样性和丰富性。不过，收缩效应有助于综合，因为需要结合的元素可以长时间维持集群，使它们的抽象成为可能。这种对于一个主题的限制丰富了聚在它周围的联想，巩固了一组特定思想，同时这组思想与一切外部事物断绝关系，得到孤立，格罗斯将这种现象称为"联想阻隔"(借鉴自韦尼克)。情结联想阻隔的一个结果是思想集群(或情结)的增多,这些集群相互之间没有联系,或者只有松散联系。这种状态在外表现为不和谐人格,格罗斯称之为"联想阻隔"人格。不同孤立情结同时存在,没有相互影响;它们不会相互作用,相互平衡和校正。虽然它们本身牢固结合,拥有合理结构,但它们缺少不同方向情结的校正影响。所以,特别强烈、因而特别孤立、无法受到影响的情结很容易变成"被高估思想"[1],即拒绝一切批评、享受完全自治的要素,直到它最终成为控制一切的因素,表现为"怨气"。在病理学案例中,它转变成统治个体整个人生、绝对不可动摇的着魔或偏执思想。患者的整个心态被颠覆和打乱。这种偏执思想的发展概念也可以解释,为什么它在早期阶段有时会被合适的心理治疗程序校

---

[1] 在其他地方(《*Psychopath. Minderw.*》,第41页),格罗斯区分了"被高估思想"和他所说的"被高估情结",我认为这是合理的。正如格罗斯所说,被高估情结不仅是这种类型的特征,也是其他类型的特征。由于"冲突情结"感情基调较高,因此它总是很有价值,不管它出现在哪种类型身上。

正,后者将它与拥有拓宽和平衡影响的其他情结相联系。[1] 偏执狂对于联想不相关情结非常警惕。他们感觉,事情需要保持整齐分离状态,情结之间的桥梁被情结内容过度精确严格的公式尽可能地破坏了。格罗斯将这种趋势称为"联想恐惧"。[2]

这种情结的严格内部凝聚力阻止一切从外部影响它的尝试。只有当这个情结与另一个情结牢固合理地捆绑在一起,就像这个情结的内部元素牢固合理地捆绑在一起时,这种尝试才会取得成功。不充分关联情结的增长自然导致与外部世界的严格隔离和内部利比多的相应积累。所以,我们经常看到对于内心过程的异常集中,要么集中在身体感觉上,要么集中在智力过程上,这取决于主体属于感觉类型还是思考类型。人格似乎受到了抑制、吸收或干扰,"沉浸在思想中",倒向智力,或者很忧郁。在所有案例中,患者对外部生活的参与很少,明显倾向于独处,惧怕他人,

---

[1] 比耶勒(Bjerre),《Zur Radikalbehandlung der chronischen Paranoia》,795ff.。

[2] 《Psychopath. Minderw.》,第40页。

这通常被他们对于动物或植物的特殊喜爱所弥补。为弥补这一点，他们的内心过程特别活跃，因为之前相互联系很少的情结会经常突然"碰撞"，以促进主要功能加强活动。反过来，这又会延长次要功能，后者将两种情结合并起来。你可能认为，所有情结都会在某个时候以这种方式碰撞，导致心理内容整体上的均匀和凝聚。自然，只有一切外部生命改变中止，这种健康结果才会出现。不过，这是不可能的，因此新鲜刺激持续到来，开启次要功能，贯穿和模糊内部界限。所以，这种类型明确倾向于回避外部刺激，回避改变，阻止持续生命流，直到一切在内部结合。病理学案例也显示了这种趋势；这些患者远离一切，试图过上隐居生活。不过，只有对于轻症，你才能以这种方式找到治疗方法。对于所有重症，惟一疗法是降低主要功能强度，这本身又是一个专题，我们在讨论席勒的《书信》时已经触及了这一主题。

显然，我们可以通过情感领域的奇特现象分辨这种类型。我们已经看到，主体是怎样通过初始思想启动联想的。他对与主题相关的材料实施充分连贯的联想，即联想与其他情结还没有联系的所有材料。当某种刺激触动某个情结时，其结果是猛烈的情感爆发。或者，如果情结是完全孤立的，结果就是完全消极的。对于前一种情况，所有情感价值都会被释放；他会有强烈的情绪反应，伴随着延长的后效应。这常常无法从外部看到，它隐藏得很深。情绪回响攫住主体的头脑，使他无法回应新刺激，直到情绪消退。刺激的积累变得无法忍受，所以他用猛烈的防御反应进行抵挡。只要有明显的情结积累，长期防御态度就会经常出现，它会深化成不信任，在病理学案例中深化成迫害妄想症。

突然的爆发与防御和缄默区间的交替使这种人格看上去非常古怪，使这种人成为周围所有人眼中的谜团。他们对于自身的专注使他们在需要专注当下或迅速行动时感到茫然。他们常常遇到看似没有出路的尴尬局面——这使他们更加逃避社会。而且，偶尔的情感爆发会破坏他们与他人的关系。由于他们的尴尬和无助，他们感觉无法挽回局面。这种拙劣的适应能力会导致各种遗憾经历，不可避免地导致自卑或痛苦的感觉，甚至会使他们憎恨导致他们不幸的人，或者他们认为的导致他们不幸的人。他们的内心情感生活非常强烈，多种情绪回响作为感情基调极度精细的渐变和感知持续进行。他们拥有特别的情绪敏感性，这种敏感性在面对情绪刺激和可能激发它们的所有情形时，作为明显的胆怯和不安呈现在外部世界面前。这种敏感性主要针对环境中的情绪状态。所有唐突的意见表达、情绪声明和感情利用从一开始就得到了回避，因为主体惧怕自己的情绪。反过来，这又会导致他可能无法掌控的消极印象。由于他感觉自己与生活的联系被切断，这种敏感性很容易在多年时间里发展成忧郁。实际上，格罗斯认为，忧郁是这种类型的重要特征。[①] 他还强调，感情价值的实现很容易导致情绪判断，导致"对待事情过度认真"。这幅画面对于内心过程和情绪生活的突显立刻暴露了它的内倾特征。格罗斯的描述比乔丹对"热情类型"的描述丰富得

---

① 《*Psychopath. Minderw.*》，第37页。

多，但后者的主要特征一定与格罗斯描述的类型相同。

格罗斯在书中的第五章指出，在正常范围内，两种低下类型代表了个性的生理差异。所以，肤浅宽泛的意识和狭隘强烈的意识之间的差异是性格差异。[1] 根据格罗斯的说法，拥有肤浅意识的类型本质上是务实的，因为他可以迅速适应环境。他的内心生活不占主导地位，在"伟大概念情结"的形成中没有发挥作用。"他们是个人性格的热情鼓吹者。在更高层面上，他们也会倡导从古代传下来的伟大思想。"[2] 格罗斯宣称，这种类型的情感生活是原始的，尽管它在更高层面上通过"外部现成理想的接管"得到组织。格罗斯说，通过这种方式，他的活动可以变成"英勇的"，但"它永远是平庸的"。"英勇"和"平庸"看上去几乎无法兼容，但格罗斯立刻指出了他想表达的含义：在这种类型中，色情情结与美学、道德、哲学、宗教等组成意识内容的其他思想情结的联系没有

---

[1] 《脑次要功能》，第58、59页。
[2] 参考上文，对外倾者的评价。

得到充分发展。弗洛伊德（Freud）会说，色情情结受到了抑制。对格罗斯来说，这种联系的明显存在是"高级性格的真正标志"（第61页）。它的发展需要延长的次要功能，因为内容的综合只能通过深化及其在意识中的长时间保留实现。常规理想的接管可能会迫使性欲进入对社会有用的路径，但它"永远不会提升到平凡水平以上"。这种有些严格的判断在考虑外倾性格时可以得到解释：外倾者几乎完全将外部数据作为个人导向，因此他的心理活动主要是他对这些事情的思考。所以，他几乎没有为内心生活的整理留下空间。它当然需要让位于从外部接受的决定因素。在这种情况下，发展水平较高和较低的功能之间不可能存在联系，因为这需要大量时间和精力；它是漫长艰难的自我教育工作，不可能在没有内倾的情况下实现。不过，外倾者缺少这方面的时间和倾向；而且，他毫不掩饰他对内心世界的怀疑，这也会阻碍他，正如内倾者怀疑外部世界。

不过，你不应该认为，由于内倾者具有更大的综合能力和实现感情价值的能力，因此他可以毫不延迟地完成自己个性的综合，即一劳永逸地在较高和较低功能之间建立和谐联系。我喜欢这种表述，而不是格罗斯的表述，后者认为这只是性欲问题，因为在我看来，除了性欲以外的其他本能也牵涉其中。性欲当然是没有驯服的原始本能非常频繁的表达形式，但在各个方面对于权力的追逐也是如此。格罗斯为内倾者发明了"联想阻隔人格"一词，以强调这种类型整合情结的特殊困难。他的综合能力只能首先用于积累相互隔离的情结。不过，这种情结会积极阻碍更高统一性的发展。所以，和外倾者类似，对内倾者来说，性情结、以自我为中心对权力的追求或者对快乐的追求仍然和其他情结相互隔离，缺乏联系。我记得，一个智力很高的内倾神经症患者时而怀有最高尚的超越理想主义，时而前往最肮脏的郊区妓院，没有意识到任何道德或美学冲突。这两件事情完全不同，仿佛属于两个不同星球。其结果自然是急性强迫神经症。

在倾听格罗斯对于深度意识类型的论述时，我们必须记住这种批评。正如格罗斯所说，深度意识是"内省个性的基础"。由于强烈的收缩效应，他们总是站在某种思想的角度上看待外部刺激。他们拥有"内向冲动"，而不是面向实际生活的冲动。"他们不是把事情看作个体现象，而是看作重要概念情结的部分思想或组成部分。"这种观点符合我们之前对于唯名论者、实在论者以及古代柏拉图、麦加拉和犬儒学派的讨论。你很容易从格罗斯的论述中看出两种视角之间的差异：拥有较短次要功能的外倾者拥有许多在指定时间区间内运行的联系松散的主要功能，因此他对个体现象印象特别深刻。对他来说，共相只是缺乏真实性的名称而已。不过，对于拥有较长次要功能的内倾者来说，内心事实、抽象、思想和共相总是占据前景；对他来说，它们是惟一真实的现实，他必须将所有个体现象与之相联系。所以，他本质上是苏格拉底意义上的现实主义者。对内倾者来说，由于他对事物的思考总是先于对外界的感知，因此他拥有相对主义倾向。[1] 他周围的和谐

---

[1] 《脑次要功能》，第63页。

为他带来了特别的快乐①；这反映了他调和自己孤立情结的内心冲动。他回避一切"不受约束的行为"，因为这些行为很容易导致令人不安的刺激（当然，必须排除情感的爆发）。他的社交能力很弱，因为他沉浸在内心生活中。他个人思想的主导地位使他无法接受他人的思想和理想。情结的强烈内心细化使之具有鲜明的个性。"情感生活通常没有社交作用，总是个体的。"②

我们必须对这种说法进行充分批评，因为它包含了一个问题。根据我的经验，这个问题总会导致两种类型之间最大的误解。在这里，格罗斯描述的显然是内倾知识分子，后者向外显示的感情极少，持有合乎逻辑的观点，试图做正确的事情，因为他天生讨厌任何感情流露，而且害怕通过不正确的行为唤醒令人不安的刺激，即周围人的情感。他惧怕他人令人不悦的情感，因为他认为其他人也像他那样敏感；而且，外倾者的迅速多变总是使他痛苦。他把感情封印在心里，后者

---

① 《脑次要功能》，第64页。
② 《脑次要功能》，第65页。

有时膨胀成令他非常痛苦的热情。他熟悉他那苦恼的情绪。他将它们与其他人展示的情绪进行比较。当然，他主要是与外倾感情类型的人进行比较，认为他的"感情"与其他人的感情区别很大。所以，他开始认为，他的感情（准确地说，是情绪）是独特的，或者如格罗斯所说，是"个体的"。它们自然应该与外倾感情类型的感情不同，后者是分化的适应工具，因此缺少内倾思考类型深刻感情特有的那种"真正激情"。不过，激情作为基本的本能力量，几乎没有个体特征——它是所有人共有的。只有分化事物才能是个体的。对于强烈情绪，类型差异立刻在"过度人性"中消失。在我看来，外倾感情类型的感情最有资格叫作个体化感情，因为他的感情是分化的；不过，关于他的思想，他陷入了相同的错觉。他拥有令他痛苦的思想。他将它们与周围其他人表达的思想进行比较，主要是与内倾思考类型的人进行比较。他发现，他的思想和他们几乎没有相同之处；所以，他可能会将它们看作个体的，将自己看作原创思想家，或者完全抑制自己的思想，因为其他人没有同样的想法。实际上，每个人都有这些想法，但他们很少将其表达出来。所以，在我看来，格罗斯的说法来自主观错觉，这种错觉很常见。

"得到提高的收缩力量使人可以沉浸在没有直接重要利益的事情上。"[1] 在这里，格罗斯发现了内倾心态的重要特征：内倾者喜欢为了思想本身而精炼他的思想，这与外部现实无关。这既是优势又是危险。将思想发展成摆脱感官限制的抽象是一种巨大优势。危险在于，它将被完全移出实际应用领域，失去重要价值。内倾者总是存在过度远离生活、过度从象征角度看待事物的危险。格罗斯也强调了这一点。外倾者的情况同样糟糕，但他的问题是不同的。他有能力缩短次要功能，几乎只需要经历一连串积极主要功能：他不受任何事物的束缚，在某种陶醉中凌驾于现实之上；他不再将事物看作它们本身，只是将其作为刺激使用。这种能力是一种优势，因为他可以摆脱许多困难局面（"犹豫的人是失败者"），但它经常导

---

[1] 《脑次要功能》，第65页。

致无法解决的混乱，因此最终会导致灾难。

格罗斯从外倾类型推导出了他所说的"教化天才"，从内倾类型推导出了"文化天才"。他将前者等同于"实践成就"，将后者等同于"抽象发明"。最终，格罗斯表达了他的信念：我们这个时代特别需要收缩强化的意识，而在之前的时代，意识更加肤浅，更加宽泛。"我们喜欢理想、深刻和符号。通过简单达到和谐——这是最高文化的艺术。"①

格罗斯在1902年写下了这些文字。现在呢？如果你想表达意见，你就必须承认，我们显然既需要文明，又需要文化，一个对应次要功能的缩短，另一个对应次要功能的延长。我们无法只创造一个而不创造另一个。遗憾的是，我们必须承认，二者都是现代人性缺少的特征。更严谨的说法是，在一个太多的地方，另一个太少了。对于进步的持续宣传现在已经变得非常可疑。

最后，我想指出，格罗斯的观点与我的观点大体吻合。就连我的术语"外倾"和"内倾"在

---

① 《脑次要功能》，第68、69页。

他的概念中也是合理的。我们只需要批判性地考察格罗斯的基本假设，即次要功能概念。

构造关于心理过程的生理假设或"器质"假设总是存在风险。在脑研究取得巨大成功的时期，这种热情持续存在。许多假设受到认真对待，被认为值得"科学"讨论，其中"脑细胞伪足在睡眠时缩回"的假设绝不是最荒谬的一个。人们将脑研究称为"脑神话"，这种说法绝非虚言。我不想把格罗斯的假设看作另一个"脑神话"——它拥有很大的经验价值，不全是无用论断。它是优秀的初步假设，在其他领域也得到了一定的承认。次要功能概念简单而巧妙。它可以将大量复杂心理现象简化成令人满意的公式——在其他任何假设下，这些极具多样性的现象都很难得到简化和分类。实际上，由于它非常成功，因此和往常一样，你很想高估它的应用范围。遗憾的是，它具有很大的局限性。不要忘了，这个假设本身只是假设而已，因为没有人见过脑细胞的次要功能，没有人能指出它和主要功能在原则上对随后的联想具有相同收缩效应的原因和方式。根据定义，次要功能和主要功能存在本质区别。而且，我觉得另一个事实具有更大的分量：同一个人的心理态度习惯可以在很短的时间里发生改变。不过，如果次要功能的持续时间拥有生理性质或器质性质，你就必须认为它具有一定的稳定性。这样一来，它就不能突然改变，因为除了病理改变，我们从未观察到这种生理性或器质性改变。不过，我不止一次指出，内倾和外倾并不是性格特征，而是机制，可以随意开关。只有当它们长期占据优势时，相应的性格才会发展出来。这样或那样的偏好当然取决于天生性情，但它并不总是决定因素。我经常发现，环境影响具有同等重要性。在我遇到的一个病例中，一个拥有明显外倾行为的人在和一个内倾者住在一起时改变了态度。当他后来接触明显外倾的人格时，他变得非常内倾。我曾反复观察到，即使对于属于某个明确类型的患者，个人影响也会迅速改变次要功能的持续时间，当外部影响消失时，他又会立刻恢复之前的状态。

  我想，根据这些经验，我们应该更加关注主

要功能的性质。格罗斯本人强调次要功能在强烈感情基调思想之后的特别延长[1]，以证明它对主要功能的依赖。实际上，你没有理由将次要功能的持续时间作为类型理论的基础；它完全可以基于主要功能的强度，因为次要功能的持续时间显然取决于细胞工作强度和能量支出。你可能会提出异议，认为次要功能的持续时间取决于细胞恢复速度，一些个体的脑同化特别迅速，比其他个体更加有利。这样一来，和内倾者相比，外倾者的大脑一定拥有更大的细胞恢复能力。不过，这种非常奇特的假设缺乏证据。根据我们的理解，不考虑病理情况，次要功能延长的实际原因是主要功能的特殊强度，这很合理。这样一来，真正的问题就会转到主要功能上，可能会变成下面的问题：为什么一个人的主要功能较强，另一个人的主要功能较弱？在将问题转移到主要功能以后，我们需要考虑其强度变化，这种变化非常迅速。我相信，

---

[1] 同上，第12页；另见《*Psychopath. Minderw.*》，第30、37页。

这是能量现象，取决于整体态度。

在我看来，主要功能强度直接取决于行动倾向的紧张程度。如果心理非常紧张，主要功能就会特别强大，会导致相应结果。当紧张随着疲劳的增长而放松时，分心和联想肤浅性会出现，最后是"思维奔逸"，这一状态的特征是主要功能较弱，次要功能持续时间会较短。如果不考虑放松等生理原因，一般心理紧张取决于极端复杂因素，比如心情、注意力、预期等，也就是价值判断，而它们又是之前所有心理过程的结果。这些判断不仅包括逻辑判断，而且包括感情判断。严格地说，一般紧张状态可以在能量意义上表述成利比多，但在涉及它与意识的心理关系时，我们必须用价值来表述它。强大的主要功能是利比多的表现形式，即非常紧张的能量过程。它也是心理价值；所以，我们说，它所导致的一系列联想和弱收缩效应导致的联想相比是有价值的，后者由于肤浅性而没有价值。

一般而言，紧张状态是内倾者的特征，放松、随和的状态是外倾者的特征。[①]不过，例外很常见，甚至会出现在同一个人身上。如果为内倾者提供非常合适和谐的环境，他就会放松下来，彻底转变成外倾，你会怀疑你面对的到底是不是内倾者。如果把外倾者放在阴暗寂静的房间里，他所有受到抑制的情结就会侵蚀他，他就会陷入紧张状态，对于最轻微的刺激做出激烈反应。生活环境的改变也会暂时导致类型反转，但人的基本态度通常不会永久性改变。虽然内倾者偶尔外倾，但他还是之前那个人，外倾者也是如此。

总结：在我看来，主要功能比次要功能更重要。主要功能的强度是决定性因素。它取决于一般心理的紧张状态，即可支配的累积的利比多的量。决定这种累积的因素是心情、注意力、情感、预期等所有之前心理状态的复杂结果。内倾的特征是整体紧张、强烈的主要功能和相应延长的次要功能；外倾的特征包括整体放松、弱主要功能和相应的短暂次要功能。

[①] 这种紧张或放松有时甚至体现在肌肉张力上，你经常可以通过面部表情看出这一点。

第三章

美学中的类型问题

显然，与心理直接或间接相关的所有人类思想领域对于我们讨论的问题都会有所贡献。我们已经倾听了哲学家、诗人、人类观察者和医生的说法。现在，让我们听一听审美学家怎么说。

根据性质，美学是应用心理学，不仅与事物的美学特征有关，而且与美学态度的心理问题有关——这种联系甚至可能更加紧密。像内倾和外倾的比较这种基本问题不可能长期逃过审美学家的注意，因为不同个体对艺术和美的感觉方式千差万别，你不可能不被它震撼到。许多人拥有奇特态度，一些人的态度比较独特。除此以外，还有两种基本的对立形式，沃林格（Worringer）称之为抽象和移情①。他对移情的定义主要来自立普斯（Lipps）。对立普斯来说，移情是"自我在与自我不同的客体中的客体化，不管被客体化的事物是否可以称为'感情'"。"通过统觉客体，我会体验到对于特定内心行为模式的冲动，它似乎作为某种被统觉事物来自客体，或者是客体固有的。

---

① 《抽象与移情》〔布洛克（Bullock）翻译〕。

它似乎是客体传达给我的。"① 约德尔（Jodl）对其解释如下：

艺术家制造的感官形象不仅可以通过关联规则为我们的头脑带来相似体验。由于它符合一般外化规律②，表现为我们外部的事物，因此我们同时将它在我们心中引发的过程投射到它身上，从而为它赋予美学生命——这个词语也许优于移情，因为一个人的内心状态对于意象的这种内向投射不仅涉及感情，而且涉及各种内心过程。③

冯特（Wundt）将移情看作一种基本同化过程。④ 所以，它是一种感受过程，其特征是通过感觉，一些重要心理内容被投射到客体上，使客体被同化到主体，与其高度融合，使其感觉自己在客体中。当被投射的内容与主体的联系高于客体时，就会发生这种现象。不过，他不会感觉自

---

① 《Leitfaden der Psychologie》，第193，194页。

② 约德尔所说的外化是指感官知觉在空间中的定位。我们听到的声音不在耳朵里，看到的色彩不在眼睛里，而是在得到空间定位的客体那里。约德尔，《Lehrbuch der Psychologie》，II，第223页。

③ 同上，第396页。

④ 《Grundzuge der psysiologischen Psychologie》，III，第191页。

已被投射到客体上；相反，他感觉被"移情"的客体有生命，似乎在自动和他说话。值得注意的是，投射本身通常是不受意识控制的潜意识过程。另一方面，你可以通过条件句式——比如"如果你是我父亲"——有意识地模仿这种投射，以生成移情局面。通常，投射将潜意识内容转移到客体。所以，移情也被分析心理学称为"移转作用"（弗洛伊德）。因此，移情是一种外倾形式。

沃林格这样定义移情的审美体验："美学享受是被客体化的自我享受。"① 所以，只有能被你移情的形式才是美的。立普斯说："只有被这种移情延伸到的形式才是美的。它们的美只是我的理想在它们身上的自由体现。"② 根据这种说法，无法被你移情的一切形式都是丑的。不过，移情理论在此遇到了局限，因为正如沃林格所说，移情态度不适用于某些艺术形式。具体地说，你可以将东方和异域艺术形式作为例子。在西方，长期传统已将"自然美和逼真"确立为艺术美学标准，

---

① 《抽象与移情》，第5页。
② 《Aesthetik》，第247页。

因为它是希腊罗马和整个西方艺术的标准和重要特征（某些非写实的中世纪形式除外）。

从古时起，我们对于艺术的整体态度一直是移情性的。所以，我们只会将我们能够移情的事物看作美的。如果艺术形式反对生活，如果它无机或抽象，我们就无法在其中感受到我们自己的生活。"我感觉自己进入了整个生活，"立普斯说。我们只能移情有机形式——即忠于自然、拥有生活意愿的形式。显然，还有另一种艺术原则，这种风格反对生活，否认生活意愿，但却宣称自己是美的。当艺术生成否定生命、无机、抽象的形式时，源于移情需要的创造意愿不再有任何问题；相反，它是直接反对移情的需要——换句话说，它是抑制生命的趋势。沃林格说："在我们看来，这种移情需要的对立面是抽象的冲动。"[1] 关于这种抽象冲动的心理，沃林格继续说道：

那么，抽象冲动的心理前提是什么？对于拥有这种冲动的人，我们必须在他们对世界的感觉

---

[1] 《抽象与移情》，第14页。

和对宇宙的心理态度中寻找这些前提。移情冲动的前提是人和外部世界现象之间快乐的泛神论信任关系，但抽象的冲动是这些现象在人内心引发的巨大不安的结果，其宗教对应物是所有思想的强烈超越色彩。我们可以将这种状态描述成对于空间的强烈精神恐惧。提布鲁斯（Tibullus）说，上帝在世界上创造的第一件事情就是恐惧。[①]我们也可以认为，这种恐惧感是艺术创造的根源。[②]

的确，移情以主观信任态度或对客体的信任为前提。它是半路迎接客体的意愿，是主观同化，带来了主体和客体之间的良好理解，至少可以模拟这种理解。被动客体允许自己被主观同化，但它的真实性质绝对没有在这个过程中改变；它们只是由于转移被掩盖起来，甚至可能被破坏。移情可以创造本身并不存在的相似性和看似相同的性质。所以，与客体另一种美学关系的可能性一

---

① 沃林格弄错了这段引文及其作者。上述引文不是提布鲁斯说的，但斯塔提乌斯（Statius）说过下面的话（《底比斯战纪》，卷3，661行）："恐惧首先使众神进入世界。"

② 参考《抽象与移情》，第15页。

定存在，这种态度不会半路迎接客体，而是从客体撤退，在主体中创造心理活动，其功能是抵消客体的影响，以便保护自己不受客体影响。

移情假设客体是空虚的，试图为其注入生命。另一方面，抽象假设客体是活跃而有生命的，试图收回它的影响。抽象态度是向心的，即内倾的。所以，沃林格的抽象概念对应于内倾态度。重要的是，沃林格将客体的影响描述成担忧和恐惧。抽象态度为客体赋予了威胁性或有害性质，它需要防御这种性质。这种看似先验的性质显然是投影，但它是消极投影。所以，我们必须假设潜意识投射行为先于抽象出现，它将消极内容转移到客体。

由于移情和抽象类似，是有意识行为，由于后者在潜意识投射之后出现，因此我们有理由思考潜意识行为能否先于移情出现。由于移情的本质是主观内容的投射，因此先于它的潜意识行为一定是相反的——是使客体无效的抵消行为。这样一来，可以说，客体被清空，它的自发活动被偷走，因此成为主观内容的合适容器。移情的主体希望在客体中感受到自己的生活；所以，客体的独立性以及它和主体的差异一定不能太大。由于先于移情的潜意识行为，客体的主权被削弱，或者被过度补偿，因为主体立刻获得了相对于客体的支配地位。这只能在潜意识中发生，通过降低客体价值、消除客体潜能或者提高主体价值和重要性的潜意识幻想实现。只有这样，移情将主观内容传入客体所需要的潜能差异才会出现。

拥有抽象态度的人处在试图压倒和扼杀他的可怕活跃的世界上。所以，他撤退到自己内心里，以便想出补救方案，提高他的主观价值，至少能使他对抗客体的影响。相反，拥有移情态度的人处在需要用他的主观感情赋予生命和灵魂的世界上。他用充满信任的自己为其赋予生命；拥有抽象态度的人在面对客体的魔灵时多疑地撤退，建立由抽象组成的保护性反世界。

如果回忆上一章内容，我们很容易看到，移情对应外倾机制，抽象对应内倾机制。"外部世界现象在人内心引发的巨大不安"完全是内倾者对于所有刺激和改变的恐惧,是他更加深刻的敏感性和意识力量导致的。他的抽象用于将不正常和可以改变的事情限制在固定范围内,这是他公开的意图。不必说,这种具有神奇性质的程序在原始人的艺术中体现得最为明显,他们的几何图案拥有魔法价值而非美学价值。沃林格对于东方艺术的论述很有道理:

> 这些人被现象世界的混乱和变化折磨,被强烈的休息需求所支配。他们在艺术中寻求的主要享受不是沉浸在外部世界的事物中和在那里寻找快乐,而是将个体目标从它随意和看似偶然的存在中提升出来,通过抽象形式近乎使之不朽,在不断变化的外表中找到安息之处。[1]

> 这些抽象常规形式不只是最高形式,而且是人类在面对世界可怕混乱时可以获得休息的惟一形式。[2]

---

[1] 参考《抽象与移情》,第16页。
[2] 参考《抽象与移情》,第19页。

正如沃林格所说，正是东方艺术形式和宗教表现出了这种对世界的抽象态度。所以，东方人和西方人眼中的世界一定差异很大。西方人用移情为世界赋予生命。对于东方人，客体从一开始就被注入了生命，拥有相对于他的支配地位；所以，他撤退到抽象世界中。要想了解东方人的态度，我们可以考察佛陀的"火诫"：

> 一切都在燃烧。眼睛和所有感官都在燃烧，带着热情之火、仇恨之火、错觉之火；点燃火焰的是出生、老年和死亡，是痛苦和哀悼，是悲伤、苦难和绝望……整个世界都着了火，整个世界都被烟雾包围，整个世界都被火焰吞噬，整个世界都在颤抖。[1]

这种可怕而悲伤的世界观迫使佛教徒陷入抽象态度，正如类似印象在传说中开启了佛陀一生的探索。佛陀的象征语言生动表达了作为抽象激励原因的客体动态生命。这种生命不是来自移情，

---

[1] 选摘自沃伦（Warren），《佛教阐释》，第352页。

而是来自先验存在的潜意识投射。"投射"一词几乎无法传达这种现象的真正含义。投射其实是发生的行为，不是先验存在的条件，它显然是我们在此谈论的主题。在我看来，莱维-布吕尔的"神秘参与"一词可以更好地描述这种状态，因为它恰当地表达了原始人与客体的原始关系。原始人的客体拥有动态生命，含有灵魂物质或灵魂力量（而且并不总是被灵魂占有，就像万物有灵理论认为的那样），因此它们对原始人具有直接心理影响，导致与客体的动态认同。在某些原始语言中，个人使用的物品拥有表示"活着"（生命后缀）的性别。抽象态度也基本相同，因为在这里，客体同样从一开始就是自主而有生命的，不需要移情；相反，由于它的强大影响，主体被迫转变成内倾。它的强烈利比多投入源于它对主体自身潜意识的神秘参与。佛陀的语言清晰表达了这一点：宇宙之火等同于利比多之火，等同于主体炙热的感情，它在他眼中表现为客体，因为它没有分化成可以支配的功能。

所以，抽象似乎是与原始神秘参与状态相抵

触的功能。它的目的是打破客体对主体的控制。它一方面导致艺术形式的创造，另一方面导致客体的知识。同样，移情既是艺术创造器官，也是认知器官。不过，它的运行水平与抽象完全不同。抽象基于客体的神奇意义和力量，移情基于主体的神奇意义，主体通过神秘认同获得对于客体的控制权。原始人处在类似立场上：他受到偶像力量的神奇影响，同时又是神奇力量的魔法师和累积者，为偶像提供效力。这方面的一个例子是澳大利亚土著人的护身符仪式。[1]

先于移情行为的潜意识弱化永久性地降低了客体价值，这与抽象类似。由于移情类型的潜意识内容与客体相同，使之看上去没有生命[2]，因此为了认知客体性质，移情是有必要的。此时，你可以谈论使客体"去心理化"的持续潜意识抽象。所有抽象都有这种效应：它会扼杀客体与主体心理存在的神奇关系的独立活动。抽象类型的这种行为是有意识的，是为了对抗客体的神奇影响。

---

[1] 参考斯潘塞和吉伦，《中澳大利亚的北方部落》。
[2] 因为移情类型的潜意识内容本身相对不活跃。

客体的惰性也可以解释移情类型与世界的信任关系；任何事情都不能对他产生不利影响，或者压迫他，因为只有他为客体提供了生命和灵魂，尽管他的意识头脑认为情况是相反的。另一方面，对于抽象类型，世界充满了为他带来恐惧、使他意识到自身无能的强大危险客体；他回避一切与世界过于紧密的接触，以编造思想和公式，希望以此占据上风。所以，他具有失败者心理，而移情类型充满自信地面对世界——世界上的惰性客体不会使他恐惧。自然，这幅素描很简略，不是内倾和外倾态度的完整画面；它只是强调了某些细微差别，但是这些差别并非毫无意义。

移情类型在潜意识中通过客体对自己感觉愉快。类似地，抽象类型在反思客体给他留下的印象时其实是在反思自己，但他并不知道这一点。这是因为，移情类型投射到客体上的其实是他自己，是他自己的潜意识内容，而抽象类型对客体的印象其实是他对于自己感觉的想法，这些感觉在他眼中是被投射到客体上的。所以，对于客体的任何真正感受和艺术创造显然既需要移情，又需要抽象。二者总是存在于所有个体身上，尽管它们的分化在大多数情况下是不平等的。

在沃林格看来，这两种基本美学体验形式的共同根源是"自我异化"——离开自己的需要。通过抽象，"在考虑永恒必要事物时，我们试图摆脱做人的危险，摆脱普通有机存在看上去的随意性"。[①] 面对令人眼花缭乱的大量生机勃勃的客体，我们创造了抽象，即抽象普遍意象，它将混乱印象转变成固定形式。这个意象拥有对抗混乱经历变化的神奇意义。抽象类型极度迷失和沉浸在这个意象里，最终将其抽象事实置于生活现实之上；由于生命可能干扰抽象之美的享受，因此它被完全抑制了。他将自己转变成抽象，认同意象的永恒有效性，固化到意象中，因为对他来说，这个意象已经变成了救赎公式。他摆脱了真实自我，将他的整个生命投入到抽象中。可以说，他被结晶到了他的抽象中。

移情类型面对类似的命运。由于他的活动和生命移情于客体中，因此他本人进入了客体，因

---

① 《抽象与移情》，第24页。

为被移情的内容是他自己的重要组成部分。他成为了客体。他认同客体,并以这种方式离开自己。通过将自己转变成客体,他实现了去主体化。沃林格说:

> 在将这种活动意愿移情于另一客体时,我们进入了另一客体。只要我们的内心经历冲动把我们吸收到外部客体中,吸收到我们以外的形式中,我们就可以摆脱个体存在。我们感觉自己的个性流入固定边界中,这与个体意识的无限多样性形成了对比。这种自我客体化体现了自我异化。这种对于个体活动需求的证实也代表了对于其无限可能性的限制,对于其不可调和多样性的否定。对于所有内心活动冲动,我们需要保持在这种客体化的范围内。①

对于抽象类型,抽象意象是对潜意识活跃客体毁灭效应的防御。② 类似地,对于移情类型,对

---

① 参考《抽象与移情》,第24页。

② 弗里德里希·特奥多尔·费肖尔(Friedrich Theodor Vischer)在小说《*Auch Einer*》中对于"活跃"客体作了精彩描述。

客体的移情是对内心主观因素导致的分解的防御。对他来说，这些因素包括无限幻想和相应的行动冲动。根据阿德勒（Adler）的说法，外倾神经症患者对于移情客体的依附和内倾神经症患者对于"指导虚构"的依附一样牢固。内倾者从他对客体的好坏经历中抽象"指导虚构"，依靠他的公式保护他远离生活带来的无限可能性。

抽象和移情、内倾和外倾是适应和防御机制。只要它们有利于适应，它们就可以保护你远离外部危险。只要它们是定向功能[①]，它们就可以使你摆脱偶然冲动；实际上，它们是对偶然冲动的防御，因为它们使自我异化成为可能。我们的日常心理经验表明，许多人完全认同他们的定向（或"有价值的"）功能，他们之中包括我们讨论的类型。对于定向功能的认同拥有无法否认的优势，因为它可以使你更好地适应集体要求和预期；而且，它还可以使你通过自我异化远离低级、未分化、未定向的功能。而且，从社会道德角度看，"无私"永远是很特别的美德。另一方面，我们也

---

① 关于定向思考，参考《转变的符号》，第一部分，第二章。

需要记住认同定向功能的巨大劣势，即个体的堕落。人当然可以在很大程度上被机械化，但是不能完全放弃自己，或者以最严重的伤害为代价。这是因为，他越是认同某种功能，他为它赋予的利比多就越多，他从其他功能撤回的利比多就越多。这些功能可以忍受长期失去利比多，但它们最终会做出反应。由于失去利比多，它们逐渐下沉到意识阈值以下，失去与意识的联系，最终滑入潜意识。这是退行性发展，是对婴儿期的倒退，最终会退回到古代水平。人类在文明状态下只生活了几千年，但却在野蛮状态下生活了几十万年，因此古代运转模式仍然非常有力，很容易被重新激活。所以，当某些功能由于失去利比多而分解时，它们在潜意识中的古代基础会再次运转起来。

这种状态会导致人格分裂，因为古代运转模式与意识没有直接联系，它和潜意识之间没有可以沟通的桥梁。所以，自我异化过程走得越远，潜意识功能朝向古代水平的下沉就越深。潜意识的影响会不成比例地增长。它开始引发定向功能的症状性紊乱，从而导致许多神经症患者特有的恶性循环：患者试图通过定向功能的特殊努力对抗令人不安的影响，它们之间的竞争常常导致神经崩溃。

通过认同定向功能实现自我异化的可能性不仅取决于对一种功能的严格限制，而且取决于下面的事实：定向功能本身是使自我异化具有必要性的原则。所以，所有定向功能都要求严格排除一切不适合其性质的事物：思考会排除一切令人不安的感觉，正如感觉会排除一切令人不安的思想。没有对于一切陌生事物的抑制，定向功能永远无法运转。另一方面，就其本性而言，生命有机体的自我管理要求整个人体的和谐，因此我们必须考虑不太有利的功能，作为人类教育中必不可少和无法回避的任务。

第四章
现代哲学中的类型问题

1. 威廉·詹姆斯的类型

现代实用哲学也发现了两种类型的存在,尤其是威廉·詹姆斯的哲学。[①] 詹姆斯说:

> 哲学历史在很大程度上是某种人性性情冲突的历史……不管专业哲学家性情如何,他在思考时都会努力掩盖他的性情事实……不过,他的性情为他带来的偏见比所有更具严格客观性的假设更加强烈。它以某种方式为他提供证据,支持更加情绪化或更加冷酷的世界观,就像某种事实或原则一样。他相信他的性情。他希望看到符合他性情的世界,因此相信符合它的任何世界表现形式。他感觉具有相反性情的人与世界性格不符,在心中认为他们不胜任、"不擅长"哲学事务,尽管他们可能拥有远超他的辩证能力。

---

① 《实用主义:一些旧有思维方式的新名称》。

不过,在讨论中,他们无法仅凭性情表现出更好的分辨力和权威性。所以,我们的哲学讨论中出现了某种不真实性;我们最有效的假设从未被人提及。①

由此,詹姆斯谈到了两种性情的界定。在行为习惯领域,我们区分循规蹈矩的人和随和的人。在政治领域,我们区分专制主义者和无政府主义者。在文学领域,我们区分纯粹主义者和理想主义者。在艺术领域,我们区分古典主义者和浪漫主义者。类似地,在哲学领域,根据詹姆斯的说法,我们区分两种类型,即"理性主义者"和"经验主义者"。理性主义者是"抽象和永恒原则的崇拜者"。经验主义者是"各种原始事实的爱好者"(第9页)。没有人能摆脱事实和原则,但是根据你对事实或原则的强调,你会得到完全不同的观点。

詹姆斯认为"理性主义"等同于"理智主义","经验主义"等同于"感觉主义"。我认为这

---

① 同上,第7、8页。

种等同并不成立，但我们要暂时采取詹姆斯的思路，把我们的批评留到后面。在詹姆斯看来，理智主义与理想主义和乐观主义倾向有关，经验主义倾向于唯物主义以及非常受限和不确定的乐观主义。理智主义总是具有一元论特征。它始于整体和普遍，将事物统一起来。经验主义始于部分，将整体变成部分的集聚。所以，你可以认为它具有多元论特征。理性主义者是有感觉的人，但经验主义者是顽固的生物。前者自然倾向于相信自由意志，后者倾向于决定论。理性主义者倾向于教条，经验主义者倾向于怀疑（第10页）。詹姆斯将理性主义者称为软心肠，将经验主义者称为硬心肠。显然，他想指出两种类型的典型心理特征。稍后，我们会更加仔细地考察这种界定。詹姆斯认为，两种类型对于对方持有偏见，这种说法非常有趣（第12、13页）：

他们互相轻视。每当他们作为个体的性情很强烈时，他们的对立就会在各个年龄段形成当时哲学氛围的组成部分。它也是今天哲学氛围的组成部分。硬心肠认为软心肠是多愁善感、没有主见的人。软心肠认为硬心肠粗俗、冷漠而残暴……两种类型都认为对方不如自己。

詹姆斯为两种类型的特征制作了表格：

软心肠	硬心肠
理性主义（依据"原则"）	经验主义（依据"事实"）
理智主义	感觉主义
理想主义	唯物主义
乐观	悲观
宗教	反宗教
自由意志主义	决定论
一元论	多元论
教条	怀疑

这份清单触及了我们在涉及实干论者和唯名论者一部分时遇到的一些问题。软心肠与现实主义者拥有一些共同特征，硬心肠与唯名论者拥有一些共同特征。我已经指出，现实主义对应于内倾，唯名论者对应于外倾。关于普遍性的争论显然是詹姆斯提到的哲学"性情冲突"的组成部分。这些联系使人很想把软心肠看作内倾者，把硬心肠看作外倾者。不过，这个等式的有效性仍然有待观察。

根据我对詹姆斯文章的有限了解，我没有发现对于这两种类型更加详细的定义和描述，但詹姆斯常常提到这两种思维方式，有时将其描述为"薄"和"厚"。弗卢努瓦①将"薄"解释成"碎、细薄、素、瘦弱"，将"厚"解释成"粗壮、坚实、厚实、富裕"。我们看到，有一次，詹姆斯将软心肠称为"没有主见的人"。"软"和"弱"暗示了脆弱、温和、温柔、弱小、被压制、非常无力的事物。相比之下，"厚"和"硬"是有抵抗力的性质，坚固而难以改变，暗示了物质的性质。所以，弗卢努瓦对两种思维方式解释如下：

这是抽象思维方式和具体思维方式之间的对比。前者是对哲学家非常宝贵的纯逻辑和辩证方式，但是没能激发詹姆斯的任何自信，被他看作脆弱、空洞、薄弱事物，因为它距离具体客体过于遥远。后者用经验事实滋养自己，从不离开龟甲和其他积极数据的坚固世俗区域。②

根据这种评论，我们应该得出结论：詹姆斯

---

① 《威廉·詹姆斯哲学》。
② 同上，第24、25页。

偏向具体思维。他理解这两种角度："事实当然很好……为我们提供许多事实。原始很好……为我们提供许多原则。"事实永远不会孤立存在，也会存在于我们眼中。所以，当詹姆斯将具体思维描述成"厚"和"硬"时，他是想说，对他来说，这种思维方式拥有某种牢固和稳定性质。同时，他认为抽象思维脆弱、薄弱、苍白，甚至（根据弗卢努瓦的思路）具有病态和衰老特征。自然，只有在牢固性和具体思维之间建立先验联系的人才会拥有这种观点——我们说过，这正是性情问题所在。当经验主义者认为他的具体思维具有稳定牢固性时，从抽象视角来看，他在欺骗自己，因为牢固性和坚固性是外部事实的性质，不是经验思维的性质。事实证明，经验思维特别脆弱无效，它在外部事实面前无法坚守阵地，总是追随和依赖外部事实，因此几乎无法超越纯分类和描述活动的水平。所以，这种思维非常脆弱和不可靠，因为它的稳定性不是取决于自身，而是取决于客体，后者作为决定性价值凌驾于其上。这种思维以一系列被感官限制的表现形式为特征，后者主要不是被内心的思想活动启动的，而是被感觉的印象溪流的改变启动的。感官感受决定的一系列具体表现形式并不是抽象思想家所说的思维，最多只是被动统觉而已。

所以，支持具体思维、为其赋予牢固性的性情以受到感官限制的表现形式为主要特征，而积极统觉源于主观意志行动，试图根据指定思想的意图组织这些表现形式。简而言之，客体对于这种性情很重要：客体被移情，在主体的概念世界中半独立存在，它会导致之后的理解。所以，它是外倾情绪，因为外倾者的思维是具体的。它的稳定性体现在外部被移情的客体上，这是詹姆斯说它"硬"的原因。对于任何支持具体思维即事实表现形式的人来说，抽象思维看上去一定是脆弱无效的，因为他用受到感官限制的具体客体的稳定性衡量抽象思维。对于支持抽象的人来说，决定因素不是由感觉决定的表现形式，而是抽象思想。

目前，人们认为思想仅仅是一组经验的抽象而已。人们喜欢认为，人类头脑最初是一张白纸，被生活和世界的感知和经历逐渐覆盖。这是经验科学的整体观点，它认为思想仅仅是经验的附带后验抽象而已，因此比经验更加脆弱苍白。不过，我们知道，头脑不可能是白纸一张，因为认识论批判告诉我们，某些思维类别是先验给定的；它们先于一切经验，随着最初的思考行为出现，是后者事先形成的决定因素。康德（Kant）关于逻辑思维的论述适用于整个心理领域。心理最初不再是白纸一张，而是头脑本身（思维领域）。自然，它缺少具体内容，但潜在内容是事先形成的遗传功能性情先验给定的。这是大脑在整个祖先世系中的运转产物，是种系发生的适应经历和尝试的沉淀。所以，新生儿的大脑是适应特定功能的非常古老的工具，它不仅进行被动统觉，而且主动安排自己的经历，得到某些结论和判断。这些经历模式绝不是偶然和随意的；它们严格遵循事先形成的条件，后者不是通过经验传递的理解内容，而是一切理解的前提条件。它们是先于事物的思想，是形式的决定因素，是一种事先存在的设计图，为经历材料提供特定配置。所以，我们可以像柏拉图（Plato）那样，将它们看作意象、纲要或者遗传功能可能性。不过，这些可能性排除了其他可能性，至少对其造成了很大限制。这解释了为什么幻想作为最自由的头脑活动，永远无法漫游到无穷（尽管诗人似乎这样认为），只能依赖这些事先形成的模式，依赖这些原始意象。相距甚远的民族拥有相似的童话主题，这表明了同样的联系。就连作为某些科学理论基础的意象——以太、能量、能量的转化和恒定、原子理论、亲缘，等等——也是这种限制的证据。

被感觉限定的表现形式主导和指导具体思维，抽象思维被缺乏具体内容、"无法表达的"原始意象主导。只要客体被移情，成为思想的决定因素，它们就维持相对不活跃状态。不过，如果客体没有被移情，失去对于思维过程的支配地位，被拒绝进入它的能量就会在主体身上累积。现在，主体受到潜意识移情；原始意象从睡眠中被唤醒，作为运行因素出现在思维过程中，但是具有无法表达的形式，就像舞台后面看不见的经理人一样。它们无法表达，因为它们缺少内容，只是被激活的功能可能性而已。所以，它们寻找填充自己的事物。它们将经验材料装入它们的空白形式，用事实表现自己，而不是表现事实。它们将事实作为自己的衣服。所以，它们本身不是已知支点，就像具体思维中的经验事实那样，只能通过经验材料的潜意识成形才能得到感知。经验主义者也可以组织这种材料，为它赋予形状，但他需要尽量将他根据过往经历确立的具体思想作为模型。

另一方面，如果抽象思想家体验了他所塑造的思想，他会使用来自制成品的潜意识模型，而且只会在事后使用。经验主义者总是倾向于认为，抽象思想家以非常随意的方式用某种苍白、薄弱、不充分的假设塑造经验材料，他们用自己的思维过程判断抽象思想家的思维过程。虽然抽象思想家不了解实际假设、思想或原始意象，但经验主义者同样不了解他们经过大量实验从经验中适时总结的理论。我在前文说过，经验主义者只看到单独客体，关注它的行为，抽象思想家主要着眼于客体之间的相似性，不考虑它们的独特性，因为通过将世界的多样性简化成均匀一致的事物，他可以获得安全感。经验主义者认为相似性令人厌烦不安,甚至会阻止他认识客体的独特性。单独客体越是被移情,他就越容易分辨它的独特性,忽视它与其他客体的相似性。如果他知道如何移情其他客体,他就能比抽象思想家更好地感受和认识它们的相似性,因为抽象思想家只从外部观察客体。

由于抽象思想家先移情一个客体,再移情另一个客体——这总是一种耗时程序——因此他对于客体相似性的认识很缓慢。所以,他的思想看上去缓慢而黏稠。不过,他的移情很流畅。抽象思想家可以迅速发现相似性,总结单独客体的一般特征,用自己的思想活动塑造经历素材,尽管模糊原始意象对它的影响和客体对具体思想家的影响一样强烈。客体对思维的影响越大,它在概念意象中留下的特征就越多。不过,客体对头脑的作用越小,原始思想在经历中留下的印迹就越多。

为客体赋予的过度重要性在科学上形成了某种被专家支持的理论。例如,它在精神病学中以"脑神话"形式出现。在所有这样的理论中，人们试图用某些原则阐明各种经历，这些原则只适用于很小的领域，完全不适合其他领域。反过来，抽象思想家仅仅通过不同事实的相似性认知个体事实，他们提出的一般假设以比较纯粹的形式呈现了主要思想，但与作为神话的具体事实性质几乎没有关系。所以，在极端情况下，这两种思维方式都会制造神话，一个用细胞、原子、振动等概念进行具体表达，另一个用"永恒"思想进行抽象表达。至少，极端经验主义拥有尽量纯粹地表达事实的优点，正如极端理想主义像镜子一样反映了原始意象。前者的理论结果受到经验材料的限制，后者的实际结果仅限于心理思想的呈现。由于当代科学态度完全是具体主义和经验主义的，因此它没有认识到思想的价值，因为事实的地位高于人类头脑构想它们所使用的原始形式的知识。这种对于具体主义的偏向是相对较晚的发展，是启蒙运动的遗迹，其结果令人震惊，但它们导致了经验材料的积累，这些材料的巨大体量导致了更多混乱，而不是清晰。这不可避免地导致了科学分离主义和专业神话，宣告了普遍性的死亡。经验主义的主导地位不仅意味着活跃思维的抑制，而且威胁到了所有科学分支的理论构建。不过，一般观点的不足有利于神话理论的构建，经验标准的缺失也是如此。

所以，我认为，詹姆斯的"硬心肠"和"软心肠"作为描述性词语是片面的，本质上隐含了某种偏见。不过，我们至少可以从这种讨论中看出，他所界定的类型和我所说的内倾型和外倾型是相同的。

2. 詹姆斯类型中的典型矛盾

a. 理性主义与经验主义

我在上一节已经讨论了这对矛盾，将其看作意识形态主义和经验主义的对立。我回避了"理性主义"一词，因为具体经验思维和活跃的意识形态思维一样"理性"。这两种形式都被理智掌控。而且，除了逻辑理性主义，还有感觉理性主义，因为理性主义既是对感觉理性的一般心理态度，也是对思想理性的一般心理态度。这种看待理性主义的方式与历史和哲学视角不同，后者将"理性主义"看作"意识形态"，在理性主义中看到了思想的至高地位。当然，现代哲学家已经剥去了理智的纯理想外衣，喜欢将其描述成能力、驱动力、意图甚至感觉，或者方法。不管怎样，从心理学角度看，正如立普斯所说，它是某种被"客观性感觉"控制的态度。鲍德温（Baldwin）将其看作"基本的调节性思想原则"①。赫尔巴特（Herbart）将理智看作"反思能力"②。叔本华说，理智只有一个功能，即形成概念，这种功能"很容易解释将人的生活与野兽生活相区别的上述所有理智表现形式。这种功能的使用和不使用就是世界各地的人一直在说的理性和非理性的全部含义"。③"上述表现形式"指叔本华列举的理智的

---

① 《心理学手册：感觉与智力》，第312页。
② 《Psychologie als Wissenschaft》，第117节。
③ 《作为意志和表象的世界》〔霍尔丹（Haldane）和肯普（Kemp）翻译〕，I，第50页。

某些表达，包括"情绪和激情的控制，得出结论和总结一般原则的能力……多个个体的统一行动……文明，国家，还有科学，即经验的积累"，等等①。如果像叔本华说的那样，形成概念是理智的功能，那么它一定拥有特定心理态度的特征，其功能是通过思想活动形成概念。耶路撒冷②完全从这种态度的意义上看待理智，将其看作使我们在决定中使用理智、控制激情的意志性情。

所以，理智是合乎情理的能力，是使我们根据客观价值思考、感受和行动的明确态度。从经验角度看，这些客观价值是经验产物，但从意识形态角度看，它们是积极理性评价行为的结果。在康德意义上，它是"根据基本原则判断和行动的能力"。对康德来说，理智是思想来源，他将思想定义成"无法在经验中找到目标的理性概念"，包含"理智所有的实际应用的原型……一种管理原则，是为了使我们对理性能力的经验使用保持充

---

① 《作为意志和表象的世界》〔霍尔丹（Haldane）和肯普（Kemp）翻译〕，I，第48页。

② 《*Lehrbuch der Psychologie*》，第195页。

分一致性"。① 这是真正内倾的观点，你可以将其与冯特的经验观点进行对比，后者宣称理智属于复杂智力功能，这些功能和"为其带来必要感官基底的先前阶段"被混淆成了"一种整体表述"。

显然，"智力"概念是古老的官能心理学的遗产。和记忆、理智、幻想等古老概念相比，与*心理学无关的逻辑观点和它的混淆更加严重*。它所接纳的心理内容越多样，它就变得越模糊，越随意……从科学心理学角度看，如果没有记忆、理智、幻想这些事物，*只有基本心理过程及其相互联系*，但你由于缺乏辨识力而用这些名称将其混为一谈，那么"智力"和"智力功能"作为对应某些严格界定数据的同质概念就更不可能存在了。不过，在一些情形中，你仍然可以使用这些来自官能心理学的概念，但你需要使用它们被心理学修改的意义。如果我们遇到拥有异质组成的复杂现象，需要根据其组合的规律性和实践基础考虑问题，如果个体意识的倾向和结构呈现出了某

---

① 《逻辑》，I，第1节，第3段，n.2〔《作品集》，卡西雷尔（Cassirer）编辑，VIII，第400页〕。

些明确趋势，如果组合的规律性要求我们分析这些复杂心理倾向，这种情形就会出现。*不过，在所有这些情形中，心理研究自然不应该严格依赖于如此形成的一般概念，应该尽量将其简化为简单因素。*①

这是对外倾者说的，我已把特别典型的段落标为斜体。对内倾者来说，记忆、理智、智力等"一般概念"是"能力"，即构成它们所管理的大量心理过程的简单基本功能。对外倾经验主义者来说，它们仅仅是次要衍生概念，是基本过程的细化。对他来说，基本过程比次要过程要重要得多。显然，根据这种观点，这些概念是无法规避的，但在原则上，你应该"尽量将其简化成简单因素"。显然，对经验主义者来说，除了简化思维，其他一切都不在考虑范围内，因为对他来说，一般概念仅仅是经验的衍生物。他无法组织"理性概念"和先验思想，因为他的被动统觉思维是由感觉印象导向的。由于这种态度，客体总

---

① 《*Grundzuge der physiologischen Psychologie*》，III，第582、583页。

是得到强调；它是促使他形成洞察力和复杂推理的动因，这要求一般概念的存在，后者仅仅用于组成某些拥有共同名称的现象集合。所以，一般概念自然变成了次要因素，只能在语言中真实存在。

所以，只要科学认为，只有被感官感知到的基本事实才是真实存在的事物，它就不会承认理智、幻想等事物的独立存在权。不过，和内倾者类似，当思维由主动统觉导向时，理智、幻想等事物获得了基本功能价值，获得了从内部运行的功能或活动的价值，因为对他来说，价值的重点在于概念，而不是概念所覆盖和包含的基本过程。这种思维类型从一开始就是综合式的。它根据概念组织经验材料，将其作为思想的"填充"。在这里，概念是自身拥有内部效力的动因，占据和塑造了经验材料。外倾者认为，这种力量仅仅来自随意选择，或者来自不成熟的经验归纳，这些经验本身就是有限的。没有意识到自己的思维过程心理、甚至可能将经验主义风尚作为指导原则的内倾者面对这种责备时是软弱的。不过，这种责备无非是外倾者心理的投影而已。这是因为，积极思维类型的思想过程能量不是来自随意选择和经验，而是来自思想，来自他的内倾态度激活的内心功能形式。他没有意识到这种来源，因为由于它先验缺乏内容，他只能在塑造思想以后将其识别出来，即根据他的思维加在经验数据上的形式将其识别出来。不过，对于外倾者，客体和基本过程重要而不可缺少，因为他在潜意识中将思想投射到客体身上，只能通过经验材料的积累和比较来接触思想。两种类型存在明显对立：一种类型用他自己的潜意识思想塑造材料，从而获得经验；另一种类型用含有潜意识投影的材料指导自己，从而获得思想。这种态度冲突存在某种令人不快的本质特征。归根结底，它是最激烈、最徒劳的科学讨论的原因。

我相信，上述讨论足以说明我的观点，即理性主义作为上升为原则的理智，既是经验主义的特征，也是意识形态主义的特征。我们可以用"理想主义"一词代替意识形态主义，但它的对立面是"唯物主义"，我们很难认为唯物主义者的对立面是意识形态主义者。哲学史表明,唯物主义者同样可以拥有意识形态思维。也就是说,他们可以不从经验角度思考,而是将一般物质思想作为出发点。

b. 理智主义与感觉主义

感觉主义意味着极端经验主义。它将感觉经验作为知识的惟一来源。感觉主义态度完全是由感觉客体导向的。詹姆斯所说的显然是智力感觉主义,而不是美学感觉主义。所以,"理智主义"不太适合做它的反义词。从心理学角度说,理智主义是为智力和概念层面的认知带来主要决定性价值的态度。不过,我也可以带着这种态度成为感觉主义者。例如,我的思维可以被完全来自感觉经历的具体概念占据。出于同样的理由,经验主义者也可以是理智主义者。理智主义和理性主义在哲学上混用。所以,在这里,只要感觉主义本质上只是极端经验主义,你就应该将意识形态主义作为感觉主义的反义词。

c. 理想主义与唯物主义

你可能已经产生了疑问：詹姆斯到底是想用"感觉主义"表示单纯的极端经验主义，还是想用"感觉主义的"表示"感官的"？前者是前面推测的智力感觉主义，后者是与感官有关的性质，是与智力完全不同的功能。我所说的"与感官有关"是指真正的感官性，不是粗俗意义的欢愉，而是一种心理态度，它的主要导向和决定因素不是被移情的客体，而是单纯的感官兴奋事实。你也可以认为这种态度具有反身性，因为全部心态取决于感觉印象，以感觉印象为顶点。客体既没有得到抽象认知，也没有得到移情，而是通过自身性质和存在发挥影响，主体完全由客体激发的感觉印象导向。这种态度对应于原始心态。它的对立面和推论是直觉态度，其特征是直接感受或理解，它既不取决于思考，也不取决于感觉，而是二者不可分割的结合。感觉的客体先于感知主体出现。类似地，心理内容作为准幻觉先于直觉出现。

詹姆斯将硬心肠描述为"感觉主义者"和"唯物主义者"（还有"反宗教者"），这使我更加怀疑他所描述的对立类型是否和我的相同。人们通常理解的唯物主义是由"物质"价值导向的态度——换句话说，它是一种道德感觉主义。所以，如果我们用这些词语的常用含义来理解它们，詹姆斯的界定就会呈现出一幅非常不恰当的画面。这当然不是詹姆斯的本意，他本人对于这些类型的论述足以消除这种误解。我们大概有理由相信，他想表达的主要是这些词语的哲学含义。在这种意义上，唯物主义当然是由物质价值导向的态度，但是这些价值是事实性的，而不是感官的，指的是客观和具体现实。它的对立面是理想主义，是哲学意义上的思想最高评价。这里表示的不可能是道德理想主义，否则我们就会认为，詹姆斯所说的唯物主义是指道德感觉主义，这违背了他的本意。不过，如果他所说的唯物主义指由事实价值导向的态度，我们就会再次在这种态度中发现外倾特征，从而打消疑虑。我们已经看到，哲学理想主义对应于内倾意识形态主义。不过，道德理想主义不是内倾者的典型特征，因为唯物主义者也可以是道德理想主义者。

d. 乐观主义与悲观主义

我非常怀疑这组著名的人类矛盾性情是否适用于詹姆斯的类型。例如，达尔文（Darwin）的经验思维是否也是悲观的？当然，如果你拥有理想主义世界观，通过潜意识投射的感觉镜片看待另一种类型，你就会将达尔文看作悲观主义者。不过，这并不意味着经验主义者本人持有悲观主义世界观。思想家叔本华的世界观是纯粹理想主义的，类似于《奥义书》中的纯粹理想主义。根据詹姆斯的分类方法，叔本华可能是乐观主义者吗？康德本人是极为纯粹的内倾类型，在所有伟大的经验主义者之中，他与乐观主义和悲观主义的距离是最遥远的。

所以，在我看来，这对矛盾和詹姆斯的类型无关。既有乐观的内倾者，又有乐观的外倾者，二者又都可以是悲观者。不过，詹姆斯陷入这种错误很可能是潜意识投影的结果。从理想主义角度看，唯物主义、经验主义和实证主义世界观似乎完全是阴郁的，一定会被看作悲观的。不过，在相信"物质"之神的人看来，同样的世界观却是乐观的。对理想主义者来说，唯物主义观点切断了生命勇气，因为他的主要力量来源——对于原始意象的积极统觉和意识——被削弱了。这种世界观在他看来一定是完全悲观的，因为它抢走了他再次看到永恒思想体现在现实中的一切希望。仅由事实组成的世界意味着流放和永远的流浪。所以，当詹姆斯将唯物主义视角等同于悲观主义视角时，我们可以推测，他本人站在理想主义一边——这一推测很容易得到这位哲学家生活中其他许多特征的证实。这也可以解释，为什么他为硬心肠起了三个有些可疑的外号："感觉主义者""唯物主义者"和"反宗教者"。在《实用主义》段落中，詹姆斯将两种类型的相互厌恶比作波士顿游客和克里普尔克里克居民的相遇[1]，这进一步证实了上述推论。这种比较显然不是对另一

---

[1] 《实用主义》，第13页。波士顿人以高级审美著称。克里普尔克里克是科罗拉多矿区。"每种类型的人都相信对方不如自己；不过，一种人的蔑视混合着愉悦，另一种人的蔑视含有一丝恐惧意味。"

种类型的奉承，它可以使人推测到情绪厌恶，就连强烈的正义感也无法完全抑制这种厌恶。在我看来，这个小缺点有趣地证明了两种类型令对方愤怒的差异。这些感情的不兼容似乎不值一提，但是根据我的许多经验，正是这些隐藏在背景中的感情使最精妙的推理出现偏差，阻碍了理解。你很容易想象，克里普尔克里克居民也会用狭隘的目光看待波士顿游客。

e. 宗教性与反宗教性

这对矛盾的有效性自然取决于宗教性的定义。如果詹姆斯完全从理想主义角度看待它，将其作为宗教思想（而不是感觉）占主导地位的态度，那么他当然有理由认为硬心肠是反宗教的。不过，詹姆斯的思想非常宽泛，充满人文色彩，他几乎一定会看到，宗教态度同样可能是由感觉决定的。他本人说："不过，我们对事实的尊重没有抵消我们的所有宗教性。它本身几乎是宗教性的。我们的科学性情是虔诚的。"[1]

---

[1] 《实用主义》，第15页。

经验主义者不尊重"永恒"思想，他们对事实几乎怀有宗教信仰。在心理学上，一个人由上帝思想还是物质思想导向并不重要，事实是否被提升为他的态度决定因素也不重要。只有当这种导向变得绝对时，它才配得上"宗教性"这个名称。在这个崇高立场上，事实和思想一样值得成为绝对，后者是原始意象，是人类几百万年与残酷现实的碰撞在他心里留下的印迹。不管怎样，从心理学视角看，对于事实的绝对屈服永远不应该被描述成反宗教性。实际上，硬心肠拥有自己的经验主义宗教，正如软心脏拥有理想主义宗教。我们现在的文化时代还有一个现象：科学被客体支配，宗教被主体即主观思想支配——因为思想在被科学中的客体驱逐后，需要在某个地方寻求避难。如果宗教在这种意义上被理解成我们的文化现象，那么詹姆斯将经验主义者描述成反宗教者就是合理的，但这仅限于这种意义。这是因为，由于哲学家不是单独的一类人，因此他们的类型也会超出哲学家范围，拓展到所有文明人。根据这种一般理由，你当然不能将半数文明人划分为反宗教者。根据原始人的心理，我们还知道，宗教功能是心理的重要组成部分，存在于所有时间和所有地点，不管它的分化程度有多低。

如果没有这种对于詹姆斯"宗教"概念的限制，我们一定会立刻认为，他的情绪使他偏离了正轨，这种事情很容易发生。

f. 非决定论与决定论

这对矛盾在心理学上非常重要。显然，经验主义者具有因果思维，认为原因和结果之间的必要联系是不言自明的。经验主义者被移情客体导向；他被外部事实"激励"，感觉原因必然会导致影响。这种态度会产生因果关系不可避免的印象，这在心理学上是很自然的。内心过程对外部事实的认同从一开始就得到了暗示，因为在移情行为中，主体活动和他自己生命的很大一部分被潜意识投入到客体身上。移情类型因此被同化到客体身上，尽管他感觉客体被同化到了他身上。不过，每当客体价值得到强调时，它会立刻具有重要性，这种重要性反过来又会影响主体，迫使他从自己中

"异化"出来。执业心理医生根据日常经验知道，人类心理类似于变色龙。所以，每当客体占据主导地位时，对客体的同化都会发生。对爱的客体的认同在分析心理学中起着不小的作用，原始人的心理拥有大量崇拜图腾动物或祖先灵魂的异化案例。圣徒在中世纪甚至近代的污名化也属于类似现象。在"效法基督"中，异化上升为原则。

鉴于人类心理这种可疑的异化能力，将客观因果关系转到主体的做法很容易理解。接着，心理在"只有因果原则有效"的印象中艰难先前，需要用知识理论的所有武器对抗这种印象的压倒性力量。经验态度的本性使人不相信内心自由，因为他没有任何证据，甚至没有任何证明的可能性，这使问题变得更加严重。面对势不可挡的大量相反客观证据，这种模糊而无法定义的自由感又有什么用呢？所以，经验主义者的决定论是预先决定的结论，前提是他把思想带到这么远的地方，不像平常那样喜欢生活在两个隔间里——一个给科学，另一个给他从父母或环境那里接过来的宗教。

我们看到，理想主义本质上是思想的潜意识激活。这种激活可能源于人生后期获得的对移情的厌恶，也可能天生存在，作为自然塑造和支持的先验态度（在我的实践经历中，我见过许多这样的案例）。在后一种情形中，思想从一开始就是活跃的，但是由于它缺少内容和无法呈现，因此没有出现在意识中。不过，作为无形的内心要素，它获得了相对于所有外部事实的支配地位，向主体传达它自己的自主和自由感。主体由于对思想的内心同化，在和客体的关系中感到独立和自由。当思想是主要导向因素时，它对主体的同化和主体通过塑造经验材料对思想的同化一样彻底。所以，和他对客体的态度类似，主体从自己身上异化出来，但这是相反意义上的，对思想有利。

遗传的原始意象经历了所有时代和改变，先于并取代了所有个体经验。所以，它一定蕴含着巨大力量。当它被激活时，它通过主体的潜意识内心移情将他同化到自己身上，以便向主体传达独特的力量感。这可以解释他的独立感、自由感和永生感（参考康德的三重假设：上帝、自由和永生）。当主体在自己身上感到思想偏向事实真相时，自由思想自然会强加在他身上。如果他的理想主义是纯粹的，他一定会相信自由意志。

这里讨论的矛盾是我们所说的两种类型的典型特征。外倾者的特征是对客体的渴望，对客体的移情和认同，对客体的自愿依赖。客体对他的影响程度和他努力同化客体的程度相同。内倾者的特征是他面对客体时的主见。他努力对抗对客体的任何依赖，排斥客体的所有影响，甚至惧怕客体。他对思想的依赖要大得多，这使他远离外部现实，获得内心自由感——尽管他用权势心理为此付出代价。

g. 一元论与多元论

根据上述讨论，思想导向型态度一定倾向于一元论。思想总是具有等级性质，不管它来自抽象过程还是作为潜意识形式先验存在。对于前一种情形，可以说，它是大厦顶点，是将下面一切总结起来的终点；对于后一种情形，它是潜意识立法者，管理思想的可能性和逻辑必要性。在这两种情形中，思想都有主权性质。虽然可能有许多思想存在，但每次都会有某种思想成功占据上风，以君主制形式将其他心理元素聚在周围。同样明显的是，客体导向型态度总是倾向于多种原则，因为客观性质的多样性必然导致概念的多样性，否则客体性质就无法得到恰当解释。一元论趋势是内倾型的特征，多元论趋势是外倾型的特征。

h. 教条主义与怀疑主义

在这里，你同样容易看出，教条主义是坚持思想的最佳态度，尽管对于思想的潜意识醒觉不一定是教条的。不过，潜意识思想自身醒觉的强迫方式使外人觉得思想导向型思想家一开始就带有教条，这种教条将经历压缩到严格的意识形态模板中。同样明显的是，客体导向型思想家从一开始就怀疑一切思想，因为他的主要关注点是让所有客体和所有经验在不受一般概念影响的情况下发出自己的声音。在这种意义上，怀疑主义是一切经验主义的必要条件。这对矛盾再次证明了詹姆斯的类型和我的类型存在本质相似性。

3. 对于詹姆斯类型学的整体批评

在批评詹姆斯类型学时，我必须首先强调，他的理论几乎只涉及类型的思维性质。在哲学作品中，你很难找到其他内容。不过，源于这种哲学背景的偏差很容易导致混乱。你不难证明，这种或那种性质是两种相反类型的共同特征。例如，一些经验主义者具有教条性、宗教性、理想主义、理智主义、理性主义等特征，正如一些理想主义者具有唯物主义、悲观主义、决定论、反宗教等特征，等等。当然，这些术语覆盖了极为复杂的事实，各种微妙差异都需要得到考虑，但这仍然无法摆脱混乱的可能性。

从个体角度看，詹氏术语过于宽泛，只在整体上对于两种相反类型给出了近似画面。它们没有将其简化成简单公式，但它们对于我们从其他文献获取的类型画面做出了宝贵补充。詹姆斯首先注意到性情对于哲学思想极为重要的影响，这是他的荣誉。他的实用主义策略的惟一目的是调和性情差异导致的哲学对立。

实用主义是存在广泛分歧的哲学运动，源于英国哲学[1]，它将"事实"的价值局限于实用效力和有用性，不管它是否受到其他视角的质疑。詹姆斯对实用主义的阐述始于这对相反类型，仿佛是想证明实用主义策略的必要性，这是他的风格。所以，中世纪已经上演过的戏剧得到了重复。当时的矛盾是唯名论和实干论的对立，阿贝拉尔（Abelard）试图用他的概念主义调和二者。不过，由于他完全没有心理学视角，因此他所尝试的解决方案存在逻辑和智力偏差。詹姆斯挖掘得更深，抓住了冲突的心理根源，提出了实用主义解决方案。不过，你不应该对它的价值产生任何幻觉：实用主义仅仅是一种权宜之计，它只有在没有发现来源时才具备有效性，这不同于受性情影

---

[1] F.C.S.席勒，《人文主义》（第2版，1912年，第5页）席勒说："詹姆斯首先明确提出了实用主义学说，该学说与他所说的'相信意愿'有关。不过，他早在《思想》（1879）一文中就为他的学说奠定了基础。"詹姆斯似乎在1898年的文章中首次使用了这个词语（参考《牛津英语词典》），他在该文中写道："……70年代早期，我在（马萨诸塞州）坎布里奇市首次听到他〔C.S.皮尔斯（C.S.Peirce）〕说出实用主义一词。"

响的智力能力，后者可以揭示哲学概念构成中的新元素。的确，柏格森（Bergson）注意到了直觉的作用和"直觉方法"的可能性，但它只是一种迹象而已。他没有对这种方法做出任何证明，而且很难做出证明，尽管柏格森宣称他的"生命冲动"和"创造性绵延"是直觉产物。这些直觉概念甚至存在于古代，特别是存在于新柏拉图主义中，这是它们的心理学证明。除了这些直觉概念，柏格森的方法并不是直觉的，而是智力的。尼采对于直觉来源的使用程度要大得多，并且因此摆脱了智力对其哲学思想的束缚和影响——他的直觉甚至使他超越了纯哲学系统界限，使他创作出了在很大程度上无法接受哲学批评的艺术作品。我所说的当然是《查拉图斯特拉如是说》，而不是哲学格言集合，后者可以接受哲学批评，因为它的方法以智力为主。在我看来，如果说世界上存在直觉方法的话，《查拉图斯特拉如是说》就是最佳案例。同时，它也生动说明了如何以非智力哲学方式把握这个问题。关于尼采直觉策略的先驱，我想提名叔本华和黑格尔，前者是因为他的直觉感觉对他的思想具有决定性影响，后者是因为直觉思想是他整个体系的基础。不过，对于这两位，直觉从属于智力，但对尼采来说，直觉高于智力。

要想公平对待对立视角，两个"真理"之间的冲突需要实用主义态度。虽然实用主义不可缺少，但它以极大的顺从为前提，几乎必然会导致创造性的枯竭。矛盾冲突的解决方案既不能来自概念主义的智力妥协，也不能来自对于逻辑上不可调和观点的实际价值的实用主义评估，只能来自积极创造行为，这种行为可以同化矛盾双方，将其作为必要协调元素，正如协调的肌肉运动取决于相反肌肉群的神经兴奋。实用主义仅仅是过渡态度，通过消除偏见为创造性行为铺平道路。詹姆斯和柏格森是德国哲学——非学术性的——过往道路的路标。不过，尼采凭借自己特有的暴力，开辟了通往未来的道路。他的创造性行为像实用主义那样从根本上超越了令人不满意的实用主义解决方案，承认了真理的生命价值，超越了后阿贝拉尔哲学贫瘠的片面性和潜意识概念主义——但我们眼前仍有需要攀登的高峰。